한 문 입 문
(漢 文 入 門)

崔亨柱 엮음

훈민문학
(訓民文學)

머 리 말

 한문(漢文)이란 선조(先祖)들이 대대로 물려온 유산(遺産)이며 일상생활의 언어에서 우리의 한글과 함께 어우러져 쓰는 고유(固有)의 우리 문자이다.
 이러한 한문을 오늘날의 교육에서는 등한시하고 소외하여 고등교육을 마치고도 일간 신문이나 기타의 전문서적(專門書籍)을 제대로 읽지 못하는 기현상의 교육이 이루어지고 있다.
 또 선조들의 체취가 풍기는 예의범절이나 우리 고유의 전통적인 가치관을 제대로 알지 못하는 문화의 단절로 인한 반신불수의 현상이 계속되고 있는데도 이의 심각성마저 인식하지 못하는 것 같다.
 필자는 이러한 현실을 생각할 때 한편으로 착잡하고 비통한 마음을 금할 수 없다.
 그리하여 우리 선조가 지닌 옛 것을 어떻게 하면 현대의 젊은이들에게 인식시키고 선조의 삶의 방식중에서 무엇이 나쁘며 무엇이 좋은지 이해시키기 위하여 교육의 기초적인 자료를 모아 한 권의 책을 만들고 이것을 『한문입문』이라고 이름을 붙였다.
 옛부터 처음 글을 배울 때에는 먼저 『천자문(千字文)』을 배워 글자를 익혔다. 그런 다음 네 글자로 구성된

『사자소학(四字小學)』을 배워 기초적인 예의범절을 알게 했다. 다음 단계에서는 『계몽편(啓蒙篇)』과 『동몽선습(童蒙先習)』이나 『격몽요결(擊蒙要訣)』과 『명심보감』 가운데에서 하나를 선택하여 지금의 유치원과 같은 교육을 거쳤다. 이 과정에서 부모, 형제, 자매, 친척에게 대하는 방법과 밖에 나가 행동할 수 있는 일상생활에서 필요로 하는 행동 양식과 예절을 익힌다.

다음은 지금의 초등학교와 같은 과정으로 『소학(小學)』 6권을 배워 한 사회와 가정에서 이루어지는 좀더 구체적인, 곧 한 가정을 이끌어 갈 수 있는 예절과 가장의 행동 양식을 전수받았다.

그 다음 단계는 곧바로 『대학(大學)』의 문(門)으로 들어가 『대학(大學)』 『중용(中庸)』 『논어(論語)』 『맹자(孟子)』의 사서(四書)를 배우고 연마한 다음 글의 문리를 얻어 『시경(詩經)』 『서경(書經)』 『주역(周易)』 『예기(禮記)』 『춘추(春秋)』 등 오경(五經)을 섭렵하게 된다.

이러한 후에는 자연적으로 입지(立志)가 이루어지고 학업(學業)이 성취되어 수신 제가 치국 평천하(修身齊家治國平天下)로 이어지는 요도(要道)를 얻게 된다.

이러한 과정을 마치게 되면 도학(道學)의 문(門)에 들었다고 한다. 이같은 심오한 학문을 터득하게 하고 또 그것으로 하늘이 부여한 성(性)을 다스려 자신이 홀로 서서 사물에 대한 스스로의 판단을 내릴 수 있는 길을 열어주며 국가의 동량(棟梁)이 될 수 있는 인재를 양성하여 왔다.

그런데 지금의 교육은 이러한 인성 함양의 길을 외면하고 외적(外的)인 지식 습득의 차원인 지식 기계를 양산하는, 곧 인간 컴퓨터적인 교육으로 일관하고 있다. 필자는 이러한 현실을 보고 우리 것을 다시 되새긴다는 차원에서 또 우리 선조들의 초급 교육의 과정은 어떠한 것인가를 인식시키기 위하여 저서를 『한문입문』이라고 하였다.

또 여기에 『천자문』 『이천자문』 『사자소학』 『계몽편』 『동몽선습』 등을 게재하고 현대문으로 해석하여 보았다. 어린이에서 어른에 이르기까지 알아야 할 기초적인 예절, 곧 관례·혼례·상례·제례의 절차 등도 간단하게 요약하여 보았다.

필자의 졸견(拙見)인지 모르겠으나 모두가 관심을 가지고 한번쯤 읽어보면 우리 선조의 초급 교육 과정이 어떠했는가를 다소나마 이해하는데 조금은 보탬이 되리라고 사료된다.

1996년 5월
여의도 서재에서

차 례

머리말…/3

제1권 천자문(千字文)/11
영자필법…/38

제2권 사자소학(四字小學)/39

제3권 계몽편(啓蒙篇)/59
1. 사람이 있고 만물이 있다.…/61
2. 하늘에는 위성(緯星)이 있다.…/62
3. 네 계절의 공로가 아닌 것이 없다.…/64
4. 천하의 다섯 산보다 큰 산이 없다.…/65
5. 측량하지 못할 것은 바람과 번개.…/66
6. 불로 밥지어 먹는 것을 가르쳤다.…/67
7. 오행의 산물이 아닌 것이 없다.…/68
8. 생물의 종류는 수만가지다.…/69
9. 성스러운 세상에서 태어나는 것.…/70
10. 국화를 사랑한 도연명 선생…/71
11. 계산에는 구구단이 편하다.…/73
12. 사람이 가장 신령하다.…/74
13. 성인이 혼인의 예절을 만들다.…/74
14. 의리있는 곳에 목숨을 버린다.…/75
15. 그 도를 존중하고 그 덕을 공경해야…/76
16. 유익한 벗과 해로운 벗…/76
17. 모든 사람의 품성은 착하지 않은 것이 없다.…/77
18. 아홉 가지 모양과 아홉 가지 생각…/79

8 한문입문(漢文入門)

제4권 동몽선습(童蒙先習) /81
1. 사람은 천지중에 가장 귀하다.…/83
2. 아버지와 자식은 친함이 있다(父子有親)…/84
3. 임금과 신하는 의가 있다(君臣有義)…/85
4. 남편과 아내는 분별이 있다(夫婦有別)…/87
5. 어른과 어린이는 차례가 있다(長幼有序)…/89
6. 친구와 친구는 믿음이 있어야 한다(朋友有信)…/90
7. 총체적인 논의(總論)…/92
8. 태극에서 음과 양이 나뉘어진다.…/95
9. 공자는 하늘이 낳은 성인이다.…/97
10. 진나라 시황제에 이르러 천하가 통일되었다.…/98
11. 단군이 처음으로 임금이 되었다.…/100
12. 신라·고구려·백제가 각각 나라를 세우다.…/102
13. 고려가 세워지다.…/103
14. 대한민국이 신헌법을 선포하다.…/103

제5권 관혼상제(冠婚喪祭) /105
제1장 관례(冠禮)…/107
1. 관례의 유래(由來)…/107

제2장 혼례(婚禮)…/111
1. 가정의례준칙상(家庭儀禮準則上)의 혼례…/111
2. 혼인기념일(婚姻記念日)…/114
3. 혼례의 서식…/115
가. 납채…/115
나. 납폐…/119

제3장 상례(喪禮)…/121
Ⅰ. 오늘날의 상례(喪禮)…/121
1. 장례 제식(葬禮祭式)…/121
2. 장례일(葬禮日)…/122
3. 상기(喪期)…/122
4. 상복(喪服)…/122
5. 상제(喪制)…/123

6. 운구(運柩)…/123
7. 발상(發喪)…/123
8. 전(奠)과 영정(影幀)…/124
9. 영좌(靈座)…/126
10. 성복(成服)과 성복제(成服祭)…/129
11. 호상(護喪)…/131
12. 부고(訃告)…/132
13. 장지(葬地)…/134
14. 발인(發靷) 및 성분(成墳)…/135
15. 상가(喪家)의 준비 사항…/136
16. 장례(葬禮)의 뒷처리…/137
17. 삼우(三虞)…/139
18. 사십구제・졸곡・백일제…/139
19. 소상(小祥)・대상(大祥)…/141
20. 조객(弔客)의 예의(禮儀)…/143
가. 상제의 부모인 경우…/144
나. 상제의 아내인 경우…/144
다. 상제의 남편인 경우…/145
라. 상제의 형제인 경우…/145
마. 아들이 죽었을 때 그 부모에게…/145
21. 상사시(喪事時) 축문…/150
가. 축문(祝文)서식…/150
22. 초우(初虞)・재우(再虞)・삼우(三虞)…/153
23. 소상(小祥)・대상(大祥)…/156

제4장 제례(祭禮)…/157

Ⅰ. 오늘날의 제례(祭禮)…/157
1. 오늘날의 제사…/162
가. 제사의 종류…/162
나. 지방(紙榜)과 축(祝)…/162
다. 제수(祭需)…/164
라. 기제(忌祭)와 묘제(墓祭)…/165
마. 추석(秋夕)과 설…/166
바. 추도식(追悼式)…/167

사. 위령제(慰靈祭)···/167
　2 종교식(宗敎式) 제례···/168
　가. 불교식(佛敎式) 제례···/168
　나. 기독교식(基督敎式) 제례···/169
　다. 카톨릭식(天主敎式) 제례···/170

　Ⅱ. 옛날의 제례(祭禮)···/171
　가. 지방(紙榜)···/171
　나. 축문(祝文)···/184
①할아버지 기제(忌祭) 축···/184
②아버지 기제(忌祭) 축···/185
③남편의 기제(忌祭) 축···/186
④아내의 기제(忌祭) 축···/186
⑤형의 기제(忌祭) 축···/187
⑥동생의 기제(忌祭) 축···/187
⑦아들의 기제(忌祭) 축···/187
　다. 제수(祭需)···/187
　라. 제례용구···/189
①일반적인 제찬도(祭饌圖)···/190
②율곡(栗谷)선생 격몽요결(擊蒙要訣) 제찬도(祭饌圖)···/191
③사례편람(四禮便覽) 제찬도(祭饌圖)···/191

　Ⅲ. 족당(族黨)의 관계···/192
　가. 종족(宗族)···/192
　나. 친족 관계 계촌도(親族關係系寸圖)···/196
　다. 내종간 계촌도(內從間系寸圖)···/197
　라. 외종간 계촌도(外從間系寸圖)···/198
　마. 척당(戚黨)···/199
①부당(父黨)···/199　　②모당(母黨)···/199
③부당(夫黨)···/200　　④처당(妻黨)···/200
　바. 칭호···/201
①부당(父黨)···/201　②모당(母黨)···/201　③처당(妻黨)···/202

제6권 몽학이천자문(蒙學二千字文)/203

제1권
천자문(千字文)
한석봉 서(韓石峰書)

한석봉 서 천자문
韓石峰書 千字文

천자문구절풀이

天 하늘천	地 따지	玄 검을현	黃 누루황
宇 집우	宙 집주	洪 넓을홍	荒 거친황
日 날일	月 달월	盈 찰영	昃 기울측
辰 별진	宿 잘숙	列 벌릴렬	張 베풀장
寒 찰한	來 올래	暑 더울서	往 갈왕
秋 가을추	收 거둘수	冬 겨울동	藏 감출장

하늘과 땅은 검고 누렇다. 하늘은 아득히 멀어 검게 보이고 땅은 그 빛이 누르다.

우주는 넓고 거칠다. 곧 하늘과 땅 사이는 한없이 너르고 커 끝이 없다는 뜻.

해는 서쪽으로 기울고 달은 한 달에 한 번 이지러졌다가 찬다.

별과 별들은 제자리가 있어 하늘에 너르게 벌려 있다.

추위가 오면 더위는 물러간다. 곧 춘하추동의 계절이 바뀐다.

가을에 곡식을 거두어 들이고 겨울에는 소중히 갈무리한다.

閏 윤달 윤	餘 남을 여	成 이룰 성	歲 해 세	윤달의 남은 것으로 해(歲)를 이룬다. 즉 3년마다 오는 윤달로써 해를 정하다.
律 법율 율	呂 음률 려	調 고를 조	陽 볕 양	율과 여는 천지간의 음과 양을 고르게 한다.
雲 구름 운	騰 오를 등	致 이를 치	雨 비 우	수증기가 증발하여 구름이 되고 두터워지면 비를 내리게 한다.
露 이슬 로	結 맺을 결	爲 할 위	霜 서리 상	이슬이 맺혀 찬 기운에 닿으면 서리가 된다.
金 쇠 금	生 날 생	麗 고울 려	水 물 수	금은 여수에서 난다. 곧 여수는 중국의 지명이다.
玉 구슬 옥	出 날 출	崑 메 곤	岡 메 강	옥은 곤강이라는 산에서 많이 나온다.
劍 칼 검	號 이름 호	巨 클 거	闕 집 궐	칼은 구야자가 만든 거궐 보검을 으뜸으로 한다.
珠 구슬 주	稱 일컬을 칭	夜 밤 야	光 빛 광	구슬은 야광이라 하여 그 빛이 낮과 같이 밝다.
果 과실 과	珍 보배 진	李 오얏 리	柰 벚 내	과일 열매 중 오얏과 벚이 가장 보배롭고 으뜸이다.
菜 나물 채	重 무거울 중	芥 겨자 개	薑 생강 강	야채 중에는 겨자와 생강이 제일 큰 몫을 한다.

海 바다해	鹹 짤함	河 물하	淡 맑을담	바닷물은 짜고 강물은 맛이 없고 담백하다.
鱗 비늘린	潛 잠길잠	羽 깃우	翔 날개상	비늘있는 물고기는 물 속에 잠겨 살고 날개있는 새들은 공중을 날며 산다.
龍 용룡	師 스승사	火 불화	帝 임금제	복희씨는 용으로써 벼슬 이름을 붙이고 신농씨는 불로써 벼슬 이름을 붙였다.
鳥 새조	官 벼슬관	人 사람인	皇 임금황	소호 때 봉황이 나타나 벼슬을 기록하고 황제 때 인문이 갖춰져 인황이라 했다.
始 비로소시	制 지을제	文 글월문	字 글자자	복희씨는 창힐을 시켜 처음으로 글자를 만들었다.
乃 이에내	服 옷복	衣 옷의	裳 치마상	황제 때 호조라는 사람이 처음으로 옷을 만들어 입도록 하였다.
推 밀추	位 자리위	讓 사양양	國 나라국	천자의 자리와 나라를 남에게 양보하였다.
有 있을유	虞 나라우	陶 질그릇도	唐 당나라당	요·순 임금이 차례로 덕이 있는 자에게 나라를 물려주었다.
弔 조상조	民 백성민	伐 칠벌	罪 허물죄	백성을 구출하여 위문하고 죄지은 임금을 벌하였다는 중국의 고사.
周 두루주	發 필발	殷 나라은	湯 끓을탕	하의 걸왕을 은의 탕왕이, 또 은의 주왕을 주(周)나라 문왕이 몰아냈다.

坐	朝	問	道	조정에 앉아 백성들을 다스릴 올바른 길을 물었다.
앉을좌	아침조	물을문	길 도	
垂	拱	平	章	임금이 몸을 공손히 하고 밝게 백성을 다스렸다.
드리울수	팔장낄공	평할평	글 장	
愛	育	黎	首	임금은 마땅히 백성을 사랑하고 돌보아야 된다.
사랑애	기를육	검을려	머리수	
臣	伏	戎	羌	덕으로 다스리면 오랑캐인 융과 강도 복종한다.
신하신	엎드릴복	오랑캐융	오랑캐강	
遐	邇	壹	體	원근의 모든 나라가 왕의 덕에 감화되어 일체가 된다.
멀 하	가까울이	한 일	몸 체	
率	賓	歸	王	덕에 감화하게 되면 서로 이끌고 복종하여 왕에게 돌아온다.
거느릴솔	손 빈	돌아갈귀	임금왕	
鳴	鳳	在	樹	명군 성현이 나타나면 나무 위에서 봉황이 울어 서조(瑞兆)를 알린다.
울 명	새 봉	있을재	나무수	
白	駒	食	場	임금의 감화는 짐승에게까지 미쳐 흰 망아지도 즐겁게 풀을 뜯는다.
흰 백	망아지구	밥 식	마당장	
化	被	草	木	왕의 덕화는 비정의 초목에게까지도 미친다.
될 화	입을피	풀 초	나무목	
賴	及	萬	方	온 세계에 어진 덕이 고르게 미친다.
힘입을뢰	미칠급	일만만	모 방	

천자문(千字文) 17

蓋	此	身	髮	대개 사람의 몸과 털은 부모에게서 물려 받은 중요한 것이다.
덮을개	이 차	몸 신	터럭발	
四	大	五	常	4가지 큰 것과 5가지 떳떳함을 말한다.
넉 사	큰 대	다섯오	떳떳할상	
恭	惟	鞠	養	부모가 길러준 은혜를 공손히 생각하라.
공손공	오직유	칠 국	기를양	
豈	敢	毀	傷	어찌 감히 이 몸을 더럽히거나 상하게 할 수 있으리오
어찌기	감히감	헐 훼	상할상	
女	慕	貞	烈	여자는 정조를 굳게 지키고 행실을 단정히 해야 한다.
계집녀	사모할모	곧을정	매울렬	
男	效	才	良	남자는 재능을 닦고 어진 것을 본받아야 한다.
사내남	본받을효	재주재	어질량	
知	過	必	改	자신의 허물을 알면 반드시 고쳐라.
알 지	지날과	반드시필	고칠개	
得	能	莫	忘	사람이 능함을 알거든 잊지 말고 노력하라.
얻을득	능할능	말 막	잊을망	
罔	談	彼	短	남의 단점을 알았더라도 결코 말하지 말라.
사내남	말씀담	저 피	짧을단	
靡	恃	己	長	자기의 장점을 믿지 말고 자랑 말며 교만하지 말라.
아닐미	믿을시	몸소기	긴 장	

信 믿을신	使 부릴사	可 옳을가	覆 돌이킬복	믿음이 움직일 수 없는 진리(眞理)라는 것을 알면 마땅히 거듭 행하라.
器 그릇기	欲 하고자할욕	難 어려울난	量 헤아릴량	인간의 기량은 깊고 깊어 헤아리기 어렵다.
墨 먹묵	悲 슬플비	絲 실사	染 물들일염	흰 실에 검은 물감을 들이면 다시는 희게 되지 못함을 슬퍼하다.
詩 글시	讚 칭찬할찬	羔 염소고	羊 양양	『시경(詩經)』 고양편에 주문왕의 덕이 소남국에까지 미쳤던 일을 칭찬하다.
景 빛경	行 갈행	維 벼리유	賢 어질현	행동을 빛나게 하는 사람은 어진 사람이 될 수 있다.
剋 이길극	念 생각념	作 지을작	聖 성인성	힘써 마음에 간직하고 수양을 쌓으면 성인이 된다.
德 큰덕	建 세울건	名 이름명	立 설립	덕으로써 선행하여 이루어지면 그 이름 또한 아름답게 나타난다.
形 얼굴형	端 끝단	表 겉표	正 바를정	모습이 단정하고 깨끗하면 정직함이 표면에 나타난다.
空 빌공	谷 골곡	傳 전할전	聲 소리성	성현의 말은 마치 빈 골짜기에 소리가 전해지듯이 멀리 퍼져나간다.
虛 빌허	堂 집당	習 익힐습	聽 들을청	빈 집에서 소리가 잘 들리듯이 착한 말은 천리 밖까지 울린다.

천자문(千字文) 19

禍	因	惡	積	악한 일을 하는 데서 재앙은 쌓인다.
재화화	인할인	모질악	쌓을적	
福	緣	善	慶	착하고 경사스러운 일로 인연해서 복이 생긴다.
복복	인연연	착할선	경사경	
尺	璧	非	寶	한 자나 되는 구슬은 희귀할지는 모르나 결코 진정한 보배는 아니다.
자척	구슬벽	아닐비	보배보	
寸	陰	是	競	진귀한 구슬보다 짧은 시간이 더 귀중하다.
마디촌	그늘음	이시	다툴경	
資	父	事	君	아비 섬기는 효도의 도리(道理)로 임금을 섬겨야 한다.
자료자	아버지부	일사	임금군	
曰	嚴	與	敬	그것은 엄숙히 하고 공경하는 것 뿐이다.
가로왈	엄할엄	더불여	공경할경	
孝	當	竭	力	효도는 마땅히 살아 계실 때 힘을 다하여 섬겨라.
효도효	마땅할당	다할갈	힘력	
忠	則	盡	命	충성은 목숨이 다할 때까지 힘써 해야 한다.
충성충	법칙칙	다할진	목숨명	
臨	深	履	薄	깊은 곳에 임하듯 얇은 곳을 밟듯 조심해서 행해야 한다.
임할임	깊을심	밟을리	얇을박	
夙	興	溫	淸	일찍 일어나 추우면 덥게 해 드리고 더우면 서늘하게 해 드려라.
이를숙	흥할흥	따뜻할온	서늘할청	

似 갈을사	蘭 난초란	斯 이 사	馨 꽃다울형	난초와 같이 멀리까지 향기가 난다.
如 갈을여	松 소나무송	之 갈 지	盛 성할성	소나무 같이 변치 않고 융성하여라.
川 내 천	流 흐를류	不 아니불	息 쉴 식	냇물은 흘러 쉬지 않는다.
淵 못 연	澄 깊을징	取 취할취	暎 비칠영	연못 물은 맑아서 속까지 비쳐보인다.
容 얼굴용	止 그칠지	若 갈을약	思 생각사	앉으나 서나 나가거나 물러가거나 언제나 자기에게 과실의 유무를 생각하라.
言 말씀언	辭 말씀사	安 편안안	定 정할정	그리하여 말하는 것은 언제나 안정되어야 한다.
篤 두터울독	初 처음초	誠 정성성	美 아름다울미	처음 정성을 기울이는 것은 진실로 아름다운 일이다.
愼 삼갈신	終 마지막종	宜 마땅의	令 하여금령	끝맺음을 온전히 하도록 삼가는 것이 마땅하다.
榮 영화영	業 업 업	所 바 소	基 터 기	바른 행실은 입신출세의 바탕이 된다.
籍 문서적	甚 심할심	無 없을무	竟 마침내경	이렇게 하면 명성은 끝없이 빛날 것이다.

學 배울학	優 넉넉할우	登 오를등	仕 벼슬사	학문이 우수하면 벼슬에 오른다.
攝 잡을섭	職 일직	從 쫓을종	政 정사정	그렇게 되면 벼슬에 올라 소신대로 정사를 다스릴 수 있다.
存 있을존	以 써이	甘 달감	棠 아가위당	주(周) 소공이 감당나무 밑에서 정무를 살펴 그 덕혜를 만민이 입었다는 고사.
去 갈거	而 어조사이	益 더할익	詠 읊을영	소공이 죽은 후 백성들이 감당편에 노래를 남겨 그 덕을 잊지 않았다.
樂 풍류락	殊 다를수	貴 귀할귀	賤 천할천	풍류는 사람의 귀천에 따라 각각 다르게 했다.
禮 예도례	別 다를별	尊 높을존	卑 낮을비	예도는 높고 낮음에 따라 구별하여 질서를 바르게 하였다.
上 윗상	和 화할화	下 아래하	睦 화목할목	높은 사람이 교화하면 아랫사람은 공경하고 화목하게 된다.
夫 남편부	唱 부를창	婦 아내부	隨 따를수	남편이 무슨 일을 제의하면 아내는 남편을 따르되 결코 앞에 나서지 않는다.
外 밖외	受 받을수	傅 스승부	訓 가르칠훈	밖에 나가서는 스승의 가르침(傅訓)을 받아 잘 지킨다.
入 들입	奉 받들봉	母 어미모	儀 거동의	안에 들어가서는 어머니의 행동을 본받아 그 가르침을 지켜라.

諸 모두제	姑 고모고	伯 맏백	叔 아저씨숙	여러 고모와 백부 숙부는 아버지의 형제 자매이니 친척이다.
猶 같을유	子 아들자	比 견줄비	兒 아이아	조카들도 자식과 같이 친할 수 있으니 한 가지로 여겨야 한다.
孔 구멍공	懷 품을회	兄 맏형	弟 아우제	형제는 서로 사랑하고 도우며 의좋게 지내야 한다.
同 한가지동	氣 기운기	連 연할련	枝 가지지	형제는 부모의 기운을 타고났으니 나무에 비하면 나뉘어 자란 가지와 같다.
交 사귈교	友 벗우	投 던질투	分 나눌분	벗을 사귀는 데 분수를 다해 의기(意氣)를 투합(投合)하여야 한다.
切 짜를절	磨 갈마	箴 경계잠	規 법규	학문과 덕행을 갈고 닦아 서로 장래를 경계하고 잘못을 바르게 인도해야 한다.
仁 어질인	慈 인자할자	隱 숨을은	惻 슬플측	어질고 자애로운 마음으로 측은하게 여긴다.
造 지을조	次 버금차	弗 아닐불	離 떠날리	잠시 동안이라도 흐트러져서는 안된다.
節 마디절	義 옳을의	廉 청렴렴	退 물러갈퇴	절개·의리·청렴·사양은 군자의 조심해야 할 일이다.
顚 기울어질전	沛 자빠질패	匪 아닐비	虧 이지러질휴	이는 엎드러지고 자빠져도 이지러지지 않는다.

천자문(千字文)

性 성품성	靜 고요정	情 뜻 정	逸 편안할일	성품이 고요하면 마음이 편안하다.
心 마음심	動 움직일동	神 귀신신	疲 가쁠피	마음이 움직이면 정신이 피로해진다.
守 지킬수	眞 참 진	志 뜻 지	滿 찰 만	사람이 본래의 진심을 지키면 뜻이 가득해 진다.
逐 쫓을축	物 만물물	意 뜻 의	移 옮길이	물욕을 따라 탐내면 마음도 불선(不善)으로 변한다.
堅 굳을견	持 가질지	雅 맑을아	操 지조조	맑고 바른 지조를 굳게 지켜라.
好 좋을호	爵 벼슬작	自 스스로자	縻 얽을미	좋은 벼슬은 스스로 내 몸에 얽혀 들어온다.
都 도읍도	邑 고을읍	華 빛날화	夏 여름하	왕성의 도읍을 화하(華夏:中華)에 정한다.
東 동녘동	西 서녘서	二 두 이	京 서울경	동서에 두 서울이 있어 화하가 도읍이 되다.
背 등 배	邙 터 망	面 낯 면	洛 낙수락	동경(東京)인 낙양은 북망산을 등지고 낙수를 바라보고 있다.
浮 뜰 부	渭 위수위	據 웅거할거	涇 경수경	서경(西京)인 장안은 위수 가에 있고 경수를 의지하고 있다.

23

宮 집 궁	殿 대궐전	盤 서릴반	鬱 답답울	궁과 전은 울창한 나무 사이에 빈틈없이 세워져 있다.
樓 다락루	觀 볼관	飛 날비	驚 놀랄경	고루(高樓)와 관대(觀臺)는 하늘을 날듯 놀랍게 솟아 있다.
圖 그림도	寫 베낄사	禽 새금	獸 짐승수	궁전 내부에 새와 짐승의 그림이 그려져 있다.
畵 그림화	綵 채색채	仙 신선선	靈 신령령	신선과 신령들의 모습을 화려하게 채색하여 그렸다.
丙 남녘병	舍 집사	傍 곁방	啓 열계	신하들이 쉬는 병사(丙舍)의 문은 정전(正殿) 옆에 열려 있다.
甲 갑옷갑	帳 장막장	對 대답대	楹 기둥영	궁중에 있는 아름다운 휘장은 큰 기둥에 둘러 있다.
肆 베풀사	筵 자리연	設 베풀설	席 자리석	돗자리를 깔아 연회하는 좌석을 만들었다.
鼓 북고	瑟 비파슬	吹 불취	笙 저생	비파를 치고 생황(笙簧)을 부니, 잔치하는 풍류이다.
陞 오를승	階 뜰계	納 바칠납	陛 섬돌폐	문무백관이 섬돌을 올라 임금께 납폐하는 절차이다.
弁 고깔변	轉 구를전	疑 의심할의	星 별성	백관이 쓴 관의 움직이는 모습은 현란하여 별인 듯 의심스럽다.

천자문(千字文)

右 오른 우	通 통할 통	廣 넓을 광	內 안 내	오른쪽은 광내전으로 통한다.
左 왼 좌	達 통달할 달	承 이을 승	明 밝을 명	왼쪽으로 가면 승명려(承明廬)에 닿는다.
旣 이미 기	集 모을 집	墳 무덤 분	典 법 전	이미 여기에는 삼분(三墳)과 오전(五典)의 옛 서적을 모아 놓았다.
亦 또 역	聚 모을 취	羣 무리 군	英 꽃부리 영	또한 여러 영웅들을 모아 분전(墳典)을 강론했다.
杜 막을 두	藁 짚 고	鍾 쇠북 종	隸 글씨 예	명필인 두백도의 초서와 종요의 예서도 비치하였다.
漆 옻칠 칠	書 글 서	壁 벽 벽	經 글 경	글로는 과두의 글과 공자의 옛집에서 나온 경서가 있다.
府 마을 부	羅 벌릴 라	將 장수 장	相 서로 상	관부에서 장수와 정승들이 벌려 늘어 서 있다.
路 길 로	俠 낄 협	槐 삼공 괴	卿 벼슬 경	큰 행길은 공경 대부들의 저택을 끼고 있다.
戶 문 호	封 봉할 봉	八 여덟 팔	縣 고을 현	귀척(貴戚)이나 공신에게 호, 현을 봉하였다.
家 집 가	給 줄 급	千 일천 천	兵 군사 병	공신들에게 또 1000명의 병사를 주어 호위시켰다.

高 높을고	冠 갓관	陪 모실배	輦 손수레련	높은 관을 쓰고 천자의 연을 배종케 한다.
驅 몰구	轂 바퀴곡	振 떨칠진	纓 끈영	수레를 빨리 몰게 하니 관의 끈이 크게 흔들리는 모습도 화려하다.
世 인간세	祿 녹록	侈 사치할치	富 부자부	대대로 내리는 녹은 사치스럽고도 많아 부귀영화를 누렸다.
車 수레거	駕 멍에가	肥 살찔비	輕 가벼울경	말은 살찌고 수레가 가볍다.
策 꾀책	功 공공	茂 무성할무	實 열매실	공적을 기록함이 성대하고 충실하다.
勒 굴레륵	碑 비석비	刻 새길각	銘 새길명	공적을 비석에 기록하고 글을 지어 돌에 새긴다.
磻 돌반	溪 시내계	伊 저이	尹 다스릴윤	문왕은 반계에서 강태공을 맞고 탕왕은 이윤을 맞아 들였다.
佐 도울좌	時 때시	阿 언덕아	衡 저울대형	위급한 때를 도와 공을 세워 아형이 되었다.
奄 오랠엄	宅 집택	曲 굽을곡	阜 언덕부	주공의 공에 보답코자 노나라 곡부에 큰 저택을 정해 주었다.
微 작을미	旦 아침단	孰 누구숙	營 경영영	주공이 아니면 감히 누가 이런 큰 일을 이루리오

천자문(千字文)

桓	公	匡	合	환공이 천하를 바로잡고 제후를 모아 맹약을 지키도록 한 글.
굳셀환	귀공	바룰광	모을합	
濟	弱	扶	傾	약한 자를 구제하고 기울어가는 나라를 붙들어 일으켰다.
구할제	약할약	붙들부	기울경	
綺	回	漢	惠	기리계(綺里季)는 한(漢)나라 혜제(惠帝)의 태자 자리를 회복시켜 주었다.
비단기	돌아올회	한나라한	은혜혜	
說	感	武	丁	부열(傅說)은 무정(武丁)의 꿈에 나타나 그를 감동시켰다.
기꺼울열	느낄감	호반무	장정정	
假	途	滅	虢	진헌공이 우나라 길을 빌려 괵을 멸하고 돌아오는 길에 우도 멸망시켰다.
거짓가	길도	멸할멸	나라괵	
踐	土	會	盟	진 문공이 제후를 천토에 모아 맹세하고 천자를 끼고 제후를 호령하니라.
밟을천	흙토	모일회	맹세맹	
何	遵	約	法	소하는 한 고조와 더불어 약법삼장을 정하여 준행하다.
어찌하	좇을준	언약약	법법	
韓	弊	煩	刑	한비는 진왕을 달래 형벌을 펴다가 그 형벌에 죽었다.
나라한	해질폐	번거로울번	형벌형	
俊	乂	密	勿	준걸과 재사들이 조정에 빽빽히 모여 들었다.
준걸준	어질예	빽빽할밀	말물	
多	士	寔	寧	많은 인재들이 있어 나라는 실로 편안하였다.
많을다	선비사	이식	편안녕	

晉 나라진	楚 나라초	更 다시갱	霸 으뜸패	진나라와 초나라가 다시 패권(霸權)을 잡는다.
趙 나라조	魏 나라위	困 곤할곤	橫 비길횡	조나라와 위나라는 연횡(連橫)의 계책 때문에 진나라에 곤란을 받았다.
起 일어날기	翦 자를전	頗 치우칠파	牧 칠목	진나라에 백기·왕전의 명장이 있고 조나라에 염파·이목의 명장이 있다.
用 쓸용	軍 군사군	最 가장최	精 정교할정	이 네 장수는 군사를 지휘하기를 정밀하고 능숙하게 했다.
宣 베풀선	威 위엄위	沙 모래사	漠 아득할막	위엄을 북방의 사막에까지 떨쳤다.
馳 달릴치	譽 기릴예	丹 붉을단	靑 푸를청	무공과 명예를 채색(彩色)으로 그려 후세에까지 전하게 하였다.
九 아홉구	州 고을주	禹 임금우	跡 자취적	9주(九州)를 정한 것은 우(禹)임금의 공적의 자취다.
百 일백백	郡 고을군	秦 나라진	幷 아우를병	진(秦)나라는 천하를 통일하여 전국을 100개의 군(百郡)으로 나누었다.
嶽 큰산악	宗 근본종	恒 항상항	岱 메대	5악(五嶽)중에서는 항산(恒山)과 태산(泰山)이 으뜸이다.
禪 터닦을선	主 임금주	云 이를운	亭 정자정	봉선(封禪)의 제사를 드리는 데에는 운운산과 정정산을 가장 소중히 하였다.

鴈 기러기안	門 문 문	紫 자주빛자	塞 변방새	안문산이 있고 만리장성이 둘러 있다.
雞 닭 계	田 밭 전	赤 붉을적	城 재 성	북쪽에 계전(鷄田)이 있고 만리장성 밖에는 돌이 붉은 적성(赤城)이 있다.
昆 맏 곤	池 못 지	碣 돌갈	石 돌 석	곤지(昆池)는 운남·곤형 고을에 있고 갈석(碣石)은 부평고을에 있다.
鉅 톱 거	野 들 야	洞 골 동	庭 뜰 정	거야(鉅野)는 태산 동편에 있고 동정호(洞庭湖)는 원강 남쪽에 있다.
曠 빌 광	遠 멀 원	緜 솜 면	邈 멀 막	모든 산과 호수 벌판들이 멀리 이어져 아득하다.
巖 바위암	岫 멧부리수	杳 아득할묘	冥 어두울명	산과 골짜기, 바위는 마치 동굴과도 같아 깊고 컴컴하다.
治 다스릴치	本 근본본	於 늘 어	農 농사농	농사로써 나라를 다스리는 근본을 삼았다.
務 힘쓸무	玆 이 자	稼 심을가	穡 거둘색	봄에 심고 가을에 거두는 일에 힘썼다.
俶 비로소숙	載 실을재	南 남녘남	畝 이랑묘	봄이 되면 비로소 양지바른 남쪽 밭에 나가 경작을 시작한다.
我 나 아	藝 재주예	黍 기장서	稷 피 직	나는 정성을 다하여 기장과 피를 심으리라.

稅 부세세	熟 익을숙	貢 바칠공	新 새 신	곡식이 익으면 조세(租稅)를 내고 신곡으로 종묘에 제사를 올린다.
勸 권할권	賞 상줄상	黜 내칠출	陟 올릴척	농사를 잘 지은 사람은 상을 주고 게을러 잘못된 자는 내쫓았다.
孟 맏 맹	軻 수레가	敦 도타울돈	素 바탕소	어진 사람인 맹자는 도탑고 소박했다.
史 사기사	魚 물고기어	秉 잡을병	直 곧을직	사어(史魚)는 그 성격이 곧고 매우 강직하였다.
庶 무리서	幾 몇 기	中 가운데중	庸 떳떳용	마음 속에 중용(中庸)을 두고 거기에 가까와지기를 바라야 한다.
勞 수고할로	謙 겸손겸	謹 삼가할근	勅 경계할칙	그러자면 근로하고 겸손하고 삼가하고 자기 몸을 경계하고 바로잡아야 한다.
聆 들을령	音 소리음	察 살필찰	理 도리리	목소리를 듣고서 의중의 생각을 살핀다.
鑑 거울감	貌 모양모	辨 분별할변	色 빛 색	용모와 안색을 보고 그 마음 속을 밝혀 짐작한다.
貽 끼칠이	厥 그 궐	嘉 아름다울가	猷 꾀 유	군자는 착하고 아름다운 것을 후세까지 남길 것이요
勉 힘쓸면	其 그 기	祗 공경지	植 심을식	올바른 도를 공경하여 자기 몸에 심어주도록 노력하여야 한다.

省 살필성	躬 몸궁	譏 나무랄기	誡 경계계	자기 몸을 살펴 기롱(譏弄)이나 경계(警戒)함이 있을까 조심하고 반성한다.
寵 사랑할총	增 더할증	抗 겨룰항	極 극진할극	임금의 사랑이 더하면 더할수록 교만하지 말고 그 정도를 지켜라.
殆 위태태	辱 욕할욕	近 가까울근	恥 부끄러울치	위태롭고 욕된 일을 하면 부끄러움이 몸에 닥친다.
林 수풀림	皐 언덕고	幸 다행행	卽 곧즉	치욕이 가까이 오면 차라리 산간 수풀에 가서 한가하게 지내는 것이다. 행이리라.
兩 두량	疏 성길소	見 볼견	機 틀기	소광(疏廣)과 소수(疏受)는 그 기미(때)를 보고 고향으로 돌아갔다.
解 풀해	組 인끈조	誰 누구수	逼 핍박할핍	"인끈을 풀어놓고 떠나가나니 누가 핍박하리오"
索 찾을색	居 살거	閑 한가한	處 곳처	퇴직하여 한가한 곳에 가 살면서 세상을 보낸다.
沈 잠길침	黙 잠잠할묵	寂 고요할적	寥 쓸쓸할요	고향으로 돌아와 조용히 사는데 아무일도 없고 고요하기만 하구나.
求 구할구	古 예고	尋 찾을심	論 의논론	옛 사람의 글을 구하고 그 도를 찾아 묻는다.
散 흩을산	慮 생각려	逍 노닐소	遙 멀요	세상의 모든 생각을 흩어 버리고 자연 속에 평화로이 놀며 즐긴다.

欣 기쁠흔	奏 아뢸주	累 더럽힐루	遣 보낼견	기쁨은 아뢰고 더러움은 흘러 보내다.
感 슬플척	謝 사례사	歡 즐길환	招 부를초	슬픈 것은 사례(謝禮)하여 없어지고 즐거움은 부르듯이 달려온다.
渠 개천거	荷 연꽃하	的 뚜렷할적	歷 지낼력	개천의 연꽃은 또렷이 빛나 아름답다.
園 동산원	莽 풀망	抽 빼낼추	條 가지조	동산에 우거진 풀들은 가지를 높이 뻗고 있다.
枇 비파나무비	杷 비파나무파	晩 늦을만	翠 푸를취	비파(枇杷)나무는 늦은 겨울에도 그 잎이 푸르다.
梧 오동오	桐 오동동	早 이를조	彫 마를조	가을이 되면 일찍 말라 떨어져 버린다.
陳 베풀진	根 뿌리근	委 시들어질위	翳 가릴예	묵은 고목의 뿌리는 시들어 마르고,
落 떨어질락	葉 잎사귀엽	飄 날릴표	颻 날릴요	떨어진 잎들은 바람에 펄펄 날린다.
遊 놀유	鵾 고니곤	獨 홀로독	運 운전운	곤어는 큰 고기라서 홀로 헤엄쳐 논다.
凌 업신여길릉	摩 문지를마	絳 붉을강	霄 하늘소	곤어가 붕새로 화하여 붉은 하늘을 마음대로 날아다닌다.

천자문(千字文) 33

市 저자 시	翫 구경 완	讀 읽을 독	耽 즐길 탐	왕충(王充)은 글 읽기를 즐겨하여 항상 저자에 나가서 책을 구경하니,
箱 상자 상	囊 주머니 낭	目 눈 목	寓 붙일 우	글을 눈으로 한번 보면 잊지 않아, 글을 주머니와 상자에 넣어둠과 같았다.
畏 두려울 외	攸 가벼울 유	輶 바 유	易 쉬울 이	군자(君子)는 쉽고 아무렇지도 않을 일을 두려워한다.
墻 담 장	垣 담 원	耳 귀 이	屬 붙일 속	말을 할 때에는 마치 남이 담에 귀를 대고 듣는 것처럼 여겨라.
飯 밥 반	飡 밥 손	膳 반찬 선	具 갖출 구	반찬을 갖추어 밥을 먹으니,
腸 창자 장	充 채울 충	口 입 구	適 마침 적	입에 맞더라도 배를 다 채우면 안된다.
宰 재상 재	烹 삶을 팽	餃 배부를 어	飽 배부를 포	배가 부르면 아무리 좋은 음식도 맛을 몰라 먹기 싫고,
糠 겨 강	糟 재강 조	厭 싫을 염	飢 주릴 기	반대로 배가 고프면 재강이나 쌀겨도 맛이 있다.
舊 옛 구	故 연고 고	戚 겨레 척	親 친할 친	친척(親戚)이나 친구들을 대접할 때에는
糧 양식 량	異 다를 이	少 젊을 소	老 늙을 로	늙은이와 젊은이의 음식을 달리해야 한다.

妾 첩	御 모실어	績 길쌈적	紡 길쌈방	아내나 첩(妾)은 길쌈을 하는 것을 일과로 한다.
侍 모실시	巾 수건건	帷 장막유	房 방방	안방(房)에서는 수건(手巾)과 빗을 가지고 남편을 섬겨야 한다.
紈 집환	扇 부채선	圓 둥글원	潔 맑을결	깃으로 만든 부채는 둥글고 깨끗하며
銀 은은	燭 촛불촉	煒 빛날위	煌 빛날황	은촛대에 있는 촛불은 휘황 찬란하다.
晝 낮주	眠 잘면	夕 저녁석	寐 잘매	낮에는 졸고 밤에는 일찍 자니 한가한 사람의 일이요
藍 쪽람	筍 대순순	象 코끼리상	床 평상상	푸른 죽순과 상아로 장식한 침상이 한가한 사람이 거처하는 기물이다.
絃 줄현	歌 노래가	酒 술주	讌 잔치연	거문고 타고 술과 노래로 잔치하니,
接 이을접	杯 잔배	擧 들거	觴 잔상	손님과 더불어 크고 작은 술잔으로 서로 주고 받으며 즐긴다.
矯 들교	手 손수	頓 꾸벅거릴돈	足 발족	손을 쳐들고 발을 굴러 춤을 추니,
悅 기쁠열	豫 미리예	且 또차	康 편안강	기쁘고 즐거우며 살아가는 모습이 편안하기 그지없다.

嫡 정실적	後 뒤 후	嗣 이을 사	續 이을 속	적실(嫡室)에서 낳은 자식으로 대를 잇는다.
祭 제사 제	祀 제사 사	蒸 찔 증	嘗 맛볼 상	조상에게 제사하는데 겨울에는 증(蒸)이라 하고 가을에는 상(嘗)이라 한다.
稽 조아릴 계	顙 이마 상	再 두번 재	拜 절 배	이마를 숙여 두 번 절하니 예를 갖춤이요
悚 두려울 송	懼 두려울 구	恐 두려울 공	惶 두려울 황	송구(悚懼)하고 두렵고 황송하니 공경함이 지극하다.
牋 편지 전	牒 편지 첩	簡 편지 간	要 구할 요	편지와 글은 간단하게 요약해서 할 것이다.
顧 돌아볼 고	答 대답 답	審 살필 심	詳 자세할 상	말대답을 할 때에는 잘 생각하고 살펴 자세하게 한다.
骸 뼈 해	垢 때 구	想 생각할 상	浴 목욕할 욕	몸에 때가 있으면 목욕할 것을 생각한다.
執 잡을 집	熱 뜨거울 열	願 원할 원	凉 서늘할 량	뜨거운 것을 잡으면 본능적으로 서늘한 것을 찾게 된다.
驢 나귀 려	騾 노새 라	犢 송아지 독	特 특별 특	나귀와 노새와 송아지와 소는,
駭 놀랄 해	躍 뛸 약	超 뛰어넘을 초	驤 달릴 양	놀라고 뛰고 달리며 논다.

역적과 도둑은 잡아 죽이고, 베어 물리치며,

배반하고 도망하는 자는 사로잡아 죄를 주어 법을 밝힌다.

여포(呂布)는 활을 잘 쏘았고 웅의료(熊宜僚)는 탄환을 잘 굴렸다.

계강(稽康)의 거문고 타기와 완적(阮籍)의 휘파람 소리는 모두 유명하였다.

몽염(蒙恬)은 붓을 처음 만들었고 채륜(蔡倫)은 종이를 처음으로 만들었다.

마균은 교묘한 재주로 지남거(持南車)를 만들고 임공자는 낚시를 만들었다.

이 여덟 사람들은 어지러운 것을 풀어 없애 세속을 이롭게 하였으니,

위 사람들은 모두 다 아름답고 묘한 재주를 가졌다.

모장과 서시(西施)는 모양이 맑고 아름다운 미인이다.

묘하게 찡그리는 모습은 흉내낼 수 없이 예쁘고, 웃는 모습은 곱기 한이 없었다.

천자문(千字文)

年 해 년	矢 살 시	每 매양 매	催 재촉 최
羲 기운 희	暉 햇빛 휘	朗 밝을 랑	曜 빛날 요
璇 옥돌 선	璣 구슬 기	懸 달릴 현	斡 돌 알
晦 그믐 회	魄 넋 백	環 고리 환	照 비칠 조
指 손가락 지	薪 나무 신	脩 닦을 수	祐 도울 우
永 길 영	綏 편안 유	吉 길할 길	邵 높을 소
矩 법 구	步 걸음 보	引 끌 인	領 차지할 령
俯 구부릴 부	仰 우러를 앙	廊 행랑 랑	廟 사당 묘
束 묶을 속	帶 띠 대	矜 자랑 긍	莊 엄숙할 장
徘 배회 배	佪 배회 회	瞻 볼 첨	眺 볼 조

세월은 활과 같이 매양 최촉(催促)하여 빠르게 지나가니,

날마다 뜨는 아침 햇빛은 밝게 빛나고 있다.

구슬로 만든 혼천의(渾天儀)가 공중에 매달려 돌고 있으니,

그믐이 되면 달은 빛이 없다가 돌면서 보름이 되면 다시 밝은 달이 되어 빛을 낸다.

섶에 불이 타는 것과 같이 열정을 갖고 인도(人道)를 행하면 복을 닦을 수 있다.

그렇게 하면 영구히 편안하고 길함이 높으리라.

걸음을 바로 걷고 옷깃을 여미니 위의가 당당하다.

궁전과 사당 안에서는 머리를 들기도 하고 내리기도 해서 예의를 지킨다.

띠를 단속(團束)하여 단정히 함으로써 씩씩한 긍지를 갖는다.

이리저리 거닐며 바라보는 것을 모두 예의에 맞게 한다.

외롭고 비루(鄙陋)해서 듣고 보는 것이 적으면, 어리석고 몽매(夢寐)한 자들과 같아서 남의 책망을 듣게 마련이다.

한문의 조사(助詞), 즉 도움을 주는 말에는 다음 네 글자가 있다.

특히 언(焉)·재(哉)·호(乎)·야(也)의 네 글자가 많이 쓰이고 있다.

영자팔법(永字八法)

영자팔법은 永자 속에 있는 여덟 가지의 기본점획을 말한다.

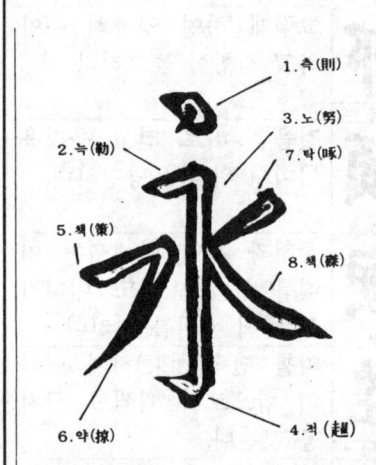

1. 측(側)은 모든 '점'의 기본이며, 가로 눕히지 않는다.
2. 늑(勒)은 가로 긋기이며 수평을 꺼린다.
3. 노(努)는 내려긋기이며 곧바로 내려 힘을 준다.
4. 적(趯)은 갈고리이고 송곳같은 세력을 요한다.
5. 책(策)은 치침이며 우러러 거주면서 살며시 든다.
6. 약(掠)은 삐침으로 왼쪽을 가볍게 흘겨준다.
7. 탁(啄)은 짧은 삐침으로 높이 들어 빨리 삐친다.
8. 책(磔)은 파임이고, 고요히 대어 천천히 옮긴다.

제2권
사자소학(四字小學)

사자소학(四字小學)

아버지는 내 몸을 낳게 하시고,
어머니는 내 몸을 기르셨다.
父生我身하시고 母鞠吾身이로다.

배로써 나를 품으시고, 젖으로써 나를 먹이셨다.
腹以懷我하시고 乳以哺我로다.

옷으로써 나를 따뜻하게 하시고,
음식으로써 나를 살리셨다.
以衣溫我하시고 以食活我로다.

은혜가 높기는 하늘과 같고, 덕이 두텁기는 땅과 같다.
恩高如天하시고 德厚似地로다.

사람의 자식된 자여, 어찌 효도를 하지 아니하리오
爲人子者여 曷不爲孝리요.

깊은 은혜를 갚고자 한다면, 하늘도 다함이 없도다.
欲報深恩이면 昊天岡極이로다.

부모가 나를 부르시거든,
빨리 대답하고 달려갈 것이다.
父母呼我어시던 唯而趨之니라.

부모의 명령은 거스르지도 말고 게을리하지 말라.
父母之命은 勿逆勿怠니라.

어버이를 앞에 모시고 앉을 때는
걸터 앉지도, 눕지도 말라.
侍坐親前이어던 勿踞勿臥하라.

밥상을 대하고 먹지 않는 것은
좋은 반찬을 생각하는 것이다.
對案不食은 思得食饌이요.

부모가 병환이 있으시거든
근심하고 치료할 것을 꾀하여라.
父母有病이어든 憂而謀瘳하라.

양식을 싸서 보내게 되면 독서를 게을리하지 말라.
裏糧以送이면 勿懶讀書하라.

부모님의 침이나 가래는 매번 반드시 덮어야 한다.
父母唾痰은 每必覆之라.

서쪽으로 간다고 말씀드리고, 동쪽으로 가지 말라.
若告西適하고 不覆東往하라.

나갈 때는 반드시 고(아뢰)하고,
돌아와서도 반드시 배알하라.
出必告之하고 返必拜謁하라.

서서는 반드시 그 발을 보고,
앉아서는 반드시 그 무릎을 보라.
立則視足하고 坐則視膝하라.

저녁에 반드시 그 요를 정하고,
새벽에는 반드시 안후를 살펴라.
昏必定褥하고 晨必省候하라.

부모가 나를 사랑하시거든 기뻐하고 잊지 말라.
父母愛之어시든 喜而勿忘하라.

부모가 나를 미워하시거든
두려워하고 원망하지 말라.
父母惡之어시든 懼而無怨하라.

걸을 때 거만하게 걷지 말고,
앉아 있을 때는 몸을 기대지 말라.
行勿慢步하고 **坐勿倚身**하라.

문 가운데 서지 말고, 방 가운데 앉지 말라.
勿立門中하고 **勿坐房中**하라.

닭이 우는 새벽에 일어나서
반드시 세수하고 양치질하며,
鷄鳴而起하고 **必盥必漱**하며,

말은 반드시 삼가하고, 거처는 반드시 공손히 하라.
言語必愼하고 **居處必恭**하라.

처음 문자를 익힐 때에는
자획을 똑똑하고 정확하게 하라.
始習文字에는 **字劃楷正**하라.

부모의 나이는 알지 않을 수 없는 것이다.
父母之年은 **不可不知**라.

음식이 비록 좋지 않을지라도
주시면 반드시 먹어야 하고,
飮食雖惡이라도 **與之必食**하고

의복이 비록 나쁘더라도 주시거든 반드시 입어라.
衣服雖惡이라도 與之必着하라.

의복과 혁대와 신발은 잃어버리지 말고 찢지도 말라.
衣服帶鞋는 勿失勿裂하라.

춥다고 감히 옷을 껴입지 말고,
덥다고 치마를 걷지 말라.
寒不敢襲하고 暑勿寒裳하라.

여름에는 부모님의 베개 밑을 부채질해 드리고
겨울에는 이불을 따뜻하게 하여 드린다.
夏則扇枕하고 冬則溫衾이라.

어버이를 곁에 모시고 앉을 때는
진퇴를 반드시 공손히 하고,
侍坐親側에 進退必恭하고

어른 무릎 앞에 앉지 말고,
어버이 얼굴을 똑바로 쳐다보지 말라.
膝前勿坐하고 親面勿仰하라.

부모께서 누워서 명하시거든
머리를 숙이고 듣는다.
父母臥命이어든 僕首聽之요.

거처는 편안하고 고요히 하며,
걸음은 편안하고 자세히 하라.
居處靖靜하며 步履安詳하라.

배불리 먹고 따뜻이 입으며,
편안히 살면서 가르치지 않으면
飽食暖衣하고 逸居無敎면

곧 금수에 가깝게 될 것이니,
성인은 그것을 걱정한 것이다.
卽近禽獸로 聖人憂之라.

어버이를 사랑하고 형을 공경함은
참마음이요, 참능력이라.
愛親敬兄은 良知良能이라.

입으로는 잡담을 하지 말고
손으로는 잡된 장난을 하지 말라.
口勿雜談하고 手勿雜戱라.

잠잘 때는 이불을 이어서 자고
먹을 때는 밥상을 함께 하라.
寢則連衾하고 食則同案하라.

남의 책을 빌렸을 때는

훼손하지 말고 반드시 완전하게 하라.
借人册籍이어던 勿毁必完하라.

형이 의복이 없으면 동생은 반드시 드려야 하고
兄無衣服이면 弟必獻之하고

동생이 먹을 것이 없으면 형은 반드시 주어야 한다.
弟無飮食이면 兄必與之하라.

형은 굶는데 동생만 배부르다면
금수와 다를 것이 없다.
兄飢弟飽면 禽獸之遂라.

형제간의 정은 서로 우애할 따름이니라.
兄弟之情은 友愛而已라.

어버이 앞에서 배불리 먹을 때에는
그릇 소리를 내지 말라.
飽食親前이어든 勿出器聲이라.

거처는 반드시 이웃을 가려 하고
나아감에는 반드시 덕이 있는 사람에게 가라.
居必擇隣하고 出必有德하라.

부모의 의복은 뛰어넘지 말고 밟지도 말라.

父母之衣服은 勿踰勿踐하라.

책상과 벼루는 그 바닥을 정면으로부터 하라.
書机書硯은 自黔其面하라.

남과 더불어 싸우지 말라. 부모님께서 근심하시니라.
勿與人鬪라 父母憂之니라.

문을 나가고 들어올 때는
열고 닫는 것을 반드시 공손하게 하라.
出入門戶에는 開閉必恭하라.

종이와 붓과 벼루와 먹은 글방의 네 벗이라.
紙筆硯墨은 文房四友라.

낮에는 밭 갈고 밤에는 글을 읽고,
여름에는 예절을 배우고 봄에는 시를 배운다.
晝耕夜讀하고 夏禮春詩라.

말과 행실이 서로 어긋나면
욕됨이 선영(先塋)에게 미친다.
言行相違면 辱及于先이라.

행실이 말과 같지 않으면 욕됨이 몸에 미친다.
行不如言하면 辱及于身이라.

어버이를 섬김은 지극한 효도로써 하고
또 뜻을 받들고 체력을 잘 받들어야 한다.
事親至孝하고 **養志養體**라.

눈속에서 죽순을 구한 것은 맹종이란 사람의 효도요
雪裡求筍은 **孟宗之孝**요.

얼음을 깨고 잉어를 얻은 것은
왕상이라는 사람의 효도이다.
叩氷得鯉는 **王祥之孝**라.

새벽에는 반드시 먼저 일어나고
저녁에는 모름지기 뒤에 잠을 잘 것이다.
晨必先起하고 **暮須後寢**이라.

겨울에는 따뜻하게 여름에는 서늘하게 하여 드리며,
저녁에는 자리를 깔아 드리고 새벽에는 안후를 살펴라.
冬溫夏淸하고 **昏定晨省**하라.

밖에 나가서는 방향을 바꾸지 말고
놀 때에는 반드시 방향을 정해야 한다.
出不易方하고 **遊必有方**하라.

신체와 모발과 피부는 부모에게 받은 것이니
身體髮膚는 **受之父母**니,

감히 훼상하지 않는 것이 효도의 시작이다.
不敢毁傷이 孝之始也오.

출세하여 도를 행하고 이름을 후세에 날려
立身行道하고 揚名後世하여

부모의 명성을 드러냄은 효도의 끝마침이다.
以顯父母는 孝之終也라.

말은 반드시 충성스럽고 진실되게 하며
행실은 반드시 두텁고 공손하게 하라.
言必忠信하고 行必篤敬하라.

착한 것을 보거든 따르고
허물을 알았거든 반드시 고쳐라.
見善從之하고 知過必改라.

용모는 단정하고 씩씩하게 하며
의관은 엄숙히 정제하라.
容貌端莊하며 衣冠肅整하라.

일을 할 때에는 처음을 꾀하고
말을 할 때에는 행동할 것을 돌아보라.
作事謀始하고 出言顧行이라.

떳떳한 덕은 굳게 지니고 대답은 신중하게 응하라.
常德固持하고 然諾重應하라.

음식은 삼가 절제하고 말씨는 공손하게 하라.
飮食愼節하고 言爲恭順하라.

일어서고 앉으며 앉아 있고 서 있는 것이
행동거지니라.
起居坐立이 行動擧止라.

예절과 의리와 청렴과 부끄러움은
이것을 네 가지 벼리라고 한다.
禮義廉恥는 是謂四維라.

덕업은 서로 권하고 과실은 서로 규제하라.
德業相勸하고 過失相規라.

예의의 풍속은 서로 주고받고 환난은 서로 구휼하라.
禮俗相交하고 患難相恤하라.

아버지는 의롭고 어머니는 자애스러우며
형은 우애하고 동생은 공손하라.
父義母慈하고 兄友弟恭하라.

부부는 은혜로움이 있어야 하고

남녀는 분별이 있어야 한다.
夫婦有恩하고 男女有別이라.

가난하고 어려운 일이 있는 친척끼리는 서로 구제하고
貧窮患難에는 親戚相救하고

결혼이나 죽음이나 상을 당함에 있어서는
이웃끼리 서로 돕는다.
婚姻死喪에는 隣保相助니라.

집에 있을 때는 아버지를 따르고
시집가서는 남편을 따르고
在家從父하며 適人從夫하고

남편이 죽으면 자식을 따르는 것,
이것을 삼종의 도라 한다.
夫死從子는 是謂三從이라.

원·형·리·정은 하늘 도의 떳떳함이요,
元亨利貞은 天道之常이요.

인·의·예·지는 사람 성품의 줄기이다.
仁義禮智는 人性之綱이라.

예의가 아니거든 보지 말며,

예의가 아니거든 듣지 말며,
非禮勿視하며 **非禮勿聽**하며

예의가 아니거든 움직이지 말라.
공자와 맹자의 도이다.
非禮勿動은 **孔孟之道**라.

정자와 주자의 학문은 그 명분을 바르게 할 뿐이다.
程朱之學은 **正其宣而**이라.

그 이익을 꾀하지 않으며 그 도리를 밝힐 뿐,
그 공로를 계산하지 않는다.
不謀其利요 **明其道而 不計其功**이요

평생을 길을 양보한다 하더라도
백 보를 굽히지는 않을 것이다.
終身讓路라도. **不枉百步**요

한평생 밭둑을 양보한다 해도
일단보를 잃지는 않을 것이다.
終身讓畔이라도. **不失一段**이요

하늘은 자시에서 열리고
땅은 축시에 열리고
天開於子하고. **地闢於丑**하고

사람은 인시에 태어나니
이 때를 태고라 하니라.
人生於寅하니, **是謂太古**라

임금은 신하의 벼리가 되고
아버지는 자식의 벼리가 되고,
君爲臣綱이요, **父爲子綱**이요

남편은 부인의 벼리가 되나니,
이것을 말하여 삼강이라 한다.
夫爲婦綱이니, **是謂三綱**이라

아버지와 자식간은 친함이 있고
임금과 신하와는 의리가 있고,
父子有親하고 **君臣有義**하며

남편과 부인과는 분별이 있고
어른과 어린이는 차례가 있고,
夫婦有別하고, **長幼有序**하며

벗과 벗 사이에는 신의가 있다.
이것을 오륜이라 한다.
朋友有信이라. **是謂五倫**이라.

볼 때에는 반드시 밝게 볼 것을 생각하며,

들을 때에는 반드시 밝게 들을 것을 생각하며
視思必明하며 聽思必聰하며

낯빛은 반드시 온순하게 할 것을 생각하며
얼굴 모습은 반드시 공손하게 할 것을 생각하고
色思必溫하며 貌思必恭하고

말할 때에는 반드시 충성스럽게 할 것을 생각하며
일은 반드시 공순하게 할 것을 생각하고
言思必忠하며 事思必敬하고

의문이 나는 것은 반드시 물을 것을 생각하고
분노가 나면 더욱 어려워질 것을 생각하며
疑思必問하고 憤思必難하며

이익을 볼 때에는 의로운 것을 생각한다.
이것을 구사라 한다.
見得思義라. 是謂九思라

발 모습은 반드시 무겁게 하고
손 모습은 반드시 공손히 하고
足容必重하고 手容必恭하고

눈 모습은 반드시 단정히 하며
입 모습은 반드시 다물고

目容必端하며 口容必止하고

음성은 반드시 고요하게 하며
머리 모습은 반드시 곧게 하며
聲容必靜하며 頭容必直하며

기운은 반드시 엄숙하게 하고
서 있는 모습은 반드시 덕 있게 하며
氣容必肅하고 立容必德하며

얼굴 모습은 반드시 씩씩하게 한다.
이것을 구용이라 말한다.
色容必莊이라 是謂九容이라.

몸을 닦고 집안을 바르게 하는 것은
나라를 다스리는 근본이다.
修身齊家는 治國之本이라.

선비와 농민과 공인(기술자)과 상인은
국가의 이로움이라.
士農工商은 國家利用이요.

홀아비와 과부와 어린 고아, 자식 없는 늙은이를
네 가지 궁한 자라 이른다.

鰥寡孤獨을 謂之四窮이라.

정사를 펴고 인을 베풀되
먼저 네 가지 궁한 자에게 베풀어야 한다.
發政施仁하되 先施四者라.

열 가구 밖에 안되는 마을에도 반드시 충신이 있다.
十室之邑에도 必有忠信이라.

원래 효도라는 것은 인을 행하는 근본이다.
元是孝者는 爲仁之本이라.

말은 믿음이 있고 참되야 하며
행실은 반드시 정직해야 한다.
言則信實하고 行必正直이라.

한 톨의 음식이라도 반드시 나누어 먹어야 하고
一粒之食이라도 必分以食하고

한 벌의 옷이라도 반드시 나누어 입어야 한다.
一縷之衣라도 必分以衣니라.

선을 쌓은 집안에는 반드시 남은 경사가 있고
積善之家는 必有餘慶하고,

악을 쌓는 집안에는 반드시 남은 재앙이 있느니라.
積惡之家에는　必有餘殃이라.

내 말은 늙은이의 망령이 아니라
오직 성인의 말씀이니라.
非我言老라　惟聖之謀라.

아아. 어린아이들아 공경하고 이 글을 수업하라.
嗟嗟小子아　敬受此書하라.

※주자(朱子)의 가르침인 『사자소학(四字小學)』은 어릴 때부터 반드시 배워 지켜야 하는 예절을 나열해 놓은 것이다. 처음 배우는 사람들의 교과서적인 입문서로써 부모앞에서 행동하는 수칙을 간곡히 일깨워 주는 글이다.

제3권
계몽편(啓蒙篇)

제3편
신응답(應答篇)

계 몽 편(啓蒙篇)

1. 사람이 있고 만물이 있다.

 위에는 하늘이 있고 아래에는 땅이 있다. 하늘과 땅 사이에는 사람이 있고 만물이 있다. 해와 달과 별과 별들은 하늘에 매여 있는 것이요, 강과 바다와 산과 큰 산은 땅에 실려 있는 것이다. 또 아버지와 자식과 임금과 신하와 어른과 어린이와 지아비와 지어미와 벗은 사람의 큰 차례이다.

 동쪽(봄 방위)과 서쪽(가을 방위)과 남쪽(여름 방위)과 북쪽(겨울 방위)으로 하늘과 땅의 방위를 정하였다. 푸른(동방 : 나무)빛과 누른(중앙 : 흙)빛, 붉은(남방 : 불)빛과 흰(서방 : 쇠)빛과 검은(북방 : 흙)빛으로 만물의 색상을 정했다.

 신(나무)맛과 짠(물)맛과 매운(쇠)맛과 단(흙)맛과 쓴맛(불)으로써 만물의 맛을 정했다.

 궁(흙에 속한 목구멍 소리)과 상(쇠에 속한 이소리)과 각(나무에 속한 어금니 소리)과 치(불에 속한 혀소리)와 우(물에 속한 입술 소리)로써 만물의 소리를 정하였다.
　하나와 둘과 셋과 넷과 다섯과 여섯과 일곱과 여덟과 아홉과 열과 백(열열)과 천과 만(열천)과 억(열만)으로써 만물의 수를 총칭하였다.

　上有天하고 下有地하니 天地之間에 有人焉하고 有萬物焉하니 日月星辰者는 天之所係也요 江海山岳者는 地之所載也요 父子君臣長幼夫婦朋友者는 人之大倫이니라.
　以東西南北으로 定天地之方하고 以靑黃赤白黑으로 定物之色하고 以酸鹹辛甘苦로 定物之味하고 以宮商角徵羽로 定物之聲하고 以一二三四五六七八九十百千萬億으로 總物之數하니라.

　2. 하늘에는 위성(緯星)이 있다.
　해는 동쪽에서 나와 서쪽으로 들어간다. 해가 나오면 낮이 되고 해가 들어가면 밤이 된다. 밤이면 달과 별이 나타난다.
　하늘에는 위성(緯星)이 있다. 금성과 목성과 수성과 화성과 토성의 다섯 가지 별이다.
　경성(經星)이 있는데 각성과 항성과 저성과 방성과 심성과 미성과 기성과(동방칠두의 별), 두성과 우성과 녀성과 허성과 위성과 실성과 벽성과(북방칠두), 규성과 루성과 위성과 묘성과 필성과 자성과 삼성과(서방칠두), 정성과 귀성과 류성과 성성과 장성과 익성과 진성으로(남방칠두) 스물 여덟 가지 별이다.

하나의 낮과 밤 안에 열두시가 있다. 열두시가 모여 하루(1일)가 되고 서른 날(30일)이 모여 한 달이 되고 그 열두 달(12월)이 합하여 한 해를 이룬다.

달이 혹 작은 달이 있다. 작은 달은 스물 아홉 날이 한 달이 된다. 혹 윤달이 있는 해가 있다. 윤달이 있는 해는 열세 달이 한 해를 이룬다.

열두 시는 곧 땅의 열두 가지니 이른바 12지(十二支)라 이름한다. 그것은 자와 축과 인과 묘와 진과 사와 오와 미와 신과 유와 술과 해이다. 하늘에는 열 개의 간(干)이 있으니 이른바 10간(十干)이라 한다. 그것은 갑과 을과 병과 정과 무와 기와 경과 신과 임과 계다.

하늘의 10간과 땅의 12지를 더불어 합하여 육십 갑자가 된다. 이른바 육십 갑자는 갑자와 을축과 병인과 정묘로부터 시작하여 임술과 계해에 이른다.

日出於東方하여 入於西方하니 日出則爲晝요 日入則爲夜니 夜則月星著見焉하나니라.

天有緯星하니 金木水火土五星이 是也요 有經星하니 角亢氐房心尾箕斗牛女虛危室壁奎婁胃昴畢觜參井鬼柳星張翼軫二十八宿 是也라.

一晝夜之內에 有十二時하니 十二時 會而爲一日하고 三十日이 會而爲一月하고 十有二月이 合而成一歲니라.

月或有小月하니 小月則二十九日이 爲一月이오 歲或有閏月하니 有閏則十三月이 成一歲라 十二時者는 卽地之十二

支也니 所謂十二支者는 子丑寅卯辰巳午未申酉戌亥也요
天有十干하니 所謂十干者는 甲乙丙丁戊己庚辛壬癸也라.
　天之十干이 與地之十二支로 相合而爲六十甲子하니 所謂
六十甲子者는 甲子乙丑丙寅丁卯至壬戌癸亥是也라.

3. 네 계절의 공로가 아닌 것이 없다.

 열이요 또 두 달은 정월과 이월로부터 시작하여 십이
월에 이른다. 한 해 가운데에는 또 네 계절이 있다. 네
계절은 봄과 여름과 가을과 겨울이 이것이다.
 열두 달을 네 계절로 나누면 정월과 이월과 삼월은
봄에 속하고 사월과 오월과 유월은 여름에 속하고 칠
월과 팔월과 구월은 가을에 속하고 시월과 십일월과
십이월은 겨울에 속한다.
 낮은 길고 밤은 짧고 하늘과 땅의 기운이 크게 더운
것은 곧 여름이다. 밤은 길며 낮은 짧고 하늘과 땅의
기운이 크게 추운 것은 겨울이다. 봄과 가을은 낮과 밤
의 길고 짧음이 서로 같으나봄의 기운은 따스하고 가
을의 기운은 서늘하다.
 봄의 석 달이 다 지나가면 여름이 되고 여름의 석 달
이 다 가면 가을이 되고 가을의 석 달이 지나면 겨울
이 된다. 또 겨울의 석 달이 다 지나면 다시 봄이 된다.
이렇게 네 때가 서로 대신하여 한 해를 이룬다.
 봄이면 만물이 비로소 살아나고 여름이면 만물이 무
럭무럭 자란다. 가을이면 만물이 숙성하여 익으며 겨울

이면 만물이 닫고 감춘다. 그러므로 만물의 태어나고 자라고 거두며 감추는 것은 네 계절의 공로가 아닌 것이 없다.

　十有二月者는 自正月二月로 至十二月也라 一歲之中에 亦有四時하니 四時者는 春夏秋冬이 是也라.
　以十二月로 分屬於四時하니 正月二月三月은 屬之於春하고 四月五月六月은 屬之於夏하고 七月八月九月은 屬之於秋하고 十月十一月十二月은 屬之於冬하니 晝長夜短而天地之氣 大暑則爲夏하고 夜長晝短而天地之氣 大寒則爲冬이니 春秋則晝夜長短이 平均而春氣는 微溫하고 秋氣는 微凉이니라.
　春三月이 盡則爲夏하고 夏三月이 盡則爲秋하고 秋三月이 盡則爲冬하고 冬三月이 盡則復爲春이니 四時 相代而歲功이 成焉이니라.
　春則萬物이 始生하고 夏則萬物이 長養하고 秋則萬物이 成熟하고 冬則萬物이 閉藏하나니 然則萬物之所生長收藏이 無非四時之功也니라.

　4. 천하의 다섯 산보다 큰 산이 없다.
　땅의 높은 곳은 산이 되고 땅의 낮은 곳은 물이 된다. 물이 적은 곳은 시내라 하고 물의 큰 곳은 강이라 하며 산의 낮은 곳은 언덕이라 하고 산의 큰 곳은 뫼뿌리(큰산)라 한다.

천하의 산이 오악(五岳:다섯 뫼뿌리)보다 큰 것이 없다. 오악(五岳)은 태산과 숭산과 형산과 항산과 화산이다. 천하의 물은 사해(四海:네 바다)보다 큰 것이 없다. 사해(四海)란 동해와 서해와 남해와 북해다.

 地之高處 便爲山이오 地之低處 便爲水니 水之小者를 謂川이오 水之大者를 謂江이오 山之卑者를 謂丘요 山之峻者를 謂岡이니라.
 天下之山이 莫大於五岳하니 五岳者는 泰山嵩山衡山恒山華山也요 天下之水 莫大於四海하니 四海者는 東海西海南海北海也라.

5. 측량하지 못할 것은 바람과 번개.
 산과 바다의 기운이 위로 올라가 하늘의 기운과 서로 어울려 구름과 안개를 이루며 비와 눈이 되어 내린다. 또 서리와 이슬이 되기도 하며 바람과 천둥번개를 만들기도 한다.
 더운 기운이 매우 찌는 듯하면 유연(油然)히 구름을 만들어 패연(沛然)히 비를 내린다. 찬 기운이 응어리져 얽히면 이슬이 맺히고 서리가 된다. 또 비가 엉기어 눈을 이룬다. 그러므로 봄과 여름에는 비와 이슬이 많고 가을과 겨울에는 서리와 눈이 많다. 한편 변화를 측량하지 못하는 것은 바람과 천둥번개이다.

山海之氣 上與天氣로 相交則興雲霧하며 降雨雪하며 爲霜露하며 生風雷니라.

暑氣 蒸鬱則油然而作雲하여 沛然而下雨하고 寒氣 陰凝則露結而爲霜하고 雨凝而成雪故로 春夏에 多雨露하고 秋冬에 多霜雪하니 變化莫測者는 風雷也니라.

6. 불로 밥지어 먹는 것을 가르쳤다.

옛날에 성스러운 임금들이 들을 구획하여 땅을 나누어 나라를 세우고 도읍을 건설하였다. 사해(四海) 안에 그 나라가 많이 있었다. 한 나라마다 각각 주와 군을 두었다. 주와 군 안에서 각각 향과 정으로 나누고 성과 곽을 만들어 도적을 막고 궁과 집을 만들어 사람을 살게 하였다. 쟁기와 보습을 만들어 백성들로 하여금 밭을 갈고 곡식을 심도록 가르쳤다. 또 가마와 시루를 만들어 백성들에게 불로 밥지어 먹는 것을 가르치고 배와 수레를 만들어 도로를 통하게 하였다.

古之聖王이 劃野分地하여 建邦設都하시니 四海之內에 其國이 有萬而一國之中에 各置州郡焉하고 州郡之中에 各分鄕井焉하고 爲城郭하여 以禦寇하고 爲宮室하여 以處人하고 爲耒耟하여 敎民耕稼하고 爲釜甑하여 敎民火食하고 作舟車하여 以通道路하시니라.

7. 오행의 산물이 아닌 것이 없다.

 금성과 목성과 수성과 화성과 토성이 하늘에 있어서는 오성이 되고 땅에 있어서는 오행이 된다. 쇠로는 그릇을 만들고 나무로는 집을 짓고 곡식은 흙에서 생긴다. 또 물과 불을 취하여 음식을 만든다. 그러므로 무릇 사람들이 날마다 쓰는 물건이 오행의 산물이 아닌 것이 없다.
 오행은 진실로 서로 생산하는 도가 있다. 물은 나무를 생산하고 나무는 불을 생산하고 불은 흙을 생산하고 흙은 쇠를 생산하고 쇠가 다시 물을 생산한다. 오행이 서로 생산하는 것은 무궁무진하여 사람들이 매일 쓰지만 항상 고갈되지 않는다.
 오행은 또한 서로 이기는 이치가 있다. 물은 불을 이기고 불은 쇠를 이기고 쇠는 나무를 이기고 나무는 흙을 이기고 흙이 다시 물을 이긴다.
 이에 그 서로 이기는 권세를 잡아쓰고 능히 그 서로 생산하는 산물을 쓰는 것도 이 사람의 공이다.

 金木水火土 在天에 爲五星이오 在地에 爲五行이니 金은 以爲器하고 木은 以爲宮하고 穀生於土하여 取水火爲飮食則 凡人日用之物이 無非五行之物也니라.
 五行이 固有相生之道하니 水生木하고 木生火하고 火生土하고 土生金하고 金이 復生水하니 五行之相生也 無窮而人用

이 不竭焉이니라.

 五行이 亦有相克之理하니 水克火하고 火克金하고 金克木하고 木克土하고 土復克水하니 乃操其相克之權하여 能用其相生之物者는 是人之功也니라.

8. 생물의 종류는 수만가지다.

 하늘과 땅에 있는 생물의 종류는 그 무리가 수만가지가 있다.

 그 가운데 동물과 식물의 구분을 말하면 풀과 나무와 새와 짐승과 벌레와 물고기가 그 가운데에서 가장 두드러지는 것이다.

 나는 것은 새가 되고 달리는 것은 짐승이 되고 비늘과 껍질이 있는 것은 벌레와 물고기가 되고 뿌리로써 심은 것은 풀과 나무가 된다.

 나는 새는 알을 날개로 싸서 기르고 달리는 짐승은 새끼를 배어 젖으로 먹여 기른다. 나는 새는 나무에 집을 지어 살고 달리는 짐승은 굴을 만들어 산다. 나머지는 벌레와 물고기로 태어나 사는 것이 가장 많다. 또한 벌레와 물고기들은 물과 습한 땅에서 제일 많이 태어난다.

 天地生物之數 有萬其衆而若言其動植之物則草木禽獸蟲魚之屬이 最其較著者也니라.

 飛者 爲禽이오 走者爲獸요 鱗介者 爲蟲魚요 根植者爲草

木이니라.

 飛禽은 卵翼이오 走獸는 胎乳하니 飛禽은 巢居하고 走獸는 穴處하고 蟲魚之物化生者 最多而亦多生於水濕之地니라.

9. 성스러운 세상에서 태어나는 것.

 봄에 태어나 가을에 죽는 것은 풀이요, 가을이면 잎이 떨어지고 봄에 다시 번성하며 화려하고 무성한 것은 나무이다. 그 잎새는 푸르고 그 꽃은 다섯 빛이다.
 또 그 뿌리가 깊은 것은 가지와 잎이 반드시 무성하고 그 꽃이 있는 것은 반드시 그 열매를 맺는다.
 호랑이와 표범과 물소와 코끼리 같은 종류는 산에 있고 소와 말과 닭과 개는 집에서 기른다. 소로써 밭을 갈게 하고 말을 가지고 타며 짐을 싣는다. 개는 도둑을 지키고 닭은 새벽을 알린다. 물소는 그 뿔을 사용하고 코끼리는 그 어금니(상아)를 사용하며 호랑이와 표범은 그 가죽을 사용한다.
 산과 숲에는 기르지 못하는 새와 짐승이 많다. 시냇가와 연못에는 유익하지 못한 벌레와 고기만 흔하다. 이런 것은 사람의 힘으로써 죽이고 사람의 지혜로써 취하며 혹은 그 털과 깃과 뼈와 뿔을 쓰고 혹 제사하며 손님을 대접하는 음식으로 쓰여진다.
 달리는 짐승 가운데 기린이라는 것이 있다. 나는 새 가운데에는 봉황이라는 것이 있다. 벌레와 고기 가운데에는 신령한 거북이 있다. 또 나는 용도 있다. 이 네 가지의 짐승은 모든 동물 가운데 가장 신령한 것이다.
 그러므로 이러한 것들은 혹 성스러운 임금의 세상에서만 태어난다.

 春生而秋死者 草也요 秋則葉脫而春復榮華者 木也라 其葉이 蒼翠요 其花 五色이니 其根이 深者는 枝葉이 必茂하고 其有花者는 必有其實이니라.
 虎豹犀象之屬은 在於山하고 牛馬鷄犬之物은 畜於家하니 牛以耕墾이오 馬以乘載요 犬以守夜요 鷄以司晨이요 犀取其角이오 象取其牙요 虎豹는 取其皮니라.
 山林에 多不畜之禽獸하고 川澤에 多無益之蟲魚故로 人以力殺하고 人以智取하여 或用其毛羽骨角하고 或供於祭祀賓客飮食之間이니라.
 走獸之中에 有麒麟焉하고 飛禽之中에 有鳳凰焉하고 蟲魚之中에 有靈龜焉하고 有飛龍焉하니 此四物者는 乃物之靈異者也라 故로 或出於聖王之世니라.

10. 국화를 사랑한 도연명 선생
 벼와 조와 기장과 피는 제사를 모시는데 정성을 다해 장만하여 이바지 하는 것이고 팥과 콩과 보리 등의 곡식은 또한 사람의 목숨을 잇게 하는 것이다. 그러므로 일백가지의 풀 가운데 곡식이 가장 중요하다. 또 서리와 눈이 내려서 시들지 아니하고 네 계절을 보내며 다시 푸르름을 자랑하는 것은 소나무와 잣나무이다. 그러므로 나무의 무리 가운데 소나무와 잣나무가 가장 귀하다.
 배와 밤과 감과 대추는 맛이 아름다울 뿐만 아니라 그 향 또한 향기로운 고로 과실은 귤과 유자로써 보배로움을 삼는다.
 나복과 만청 등 모든 나물의 종류는 많지 않을 뿐 아니라 또한 맛의 매움이 강하므로 나물은 겨자와 생강을 중요하게 여긴다.
 물속이나 땅위의 풀과 나무의 꽃들은 가히 사랑스러운 것이 아주 많다. 그러므로 도연명 선생은 국화를 사랑하고 주렴계 선생은 연꽃을 사랑했다. 부귀나 번화를 좋아하는 사람들은 목단을 많이 사랑했다.
 연명 선생은 숨어사는 고귀한 분으로 국화로써 고귀함을 비유하였고 염계 선생은 군자인 고로 사람들이 연꽃으로 군자에 비유했다. 목단은 꽃이 번화한 것이다. 그러므로 사람들은 목단을 번화 부귀한 사람들에게 비유하였다.

 稻粱黍稷은 祭祀之所以供粢盛者也요 豆菽麰麥之穀은 亦無非養人命之物故로 百草之中에 穀植이 最重이오 犯霜雪而不凋하고 閱四時而長春者는 松栢也니 衆木之中에 松栢이 最貴니라.
 梨栗柿棗之果 味非不佳也로되 其香이 芬芳故로 果以橘柚로 爲珍하고 蘿葍蔓菁諸瓜之菜 種非不多也로되 其味辛烈故로 菜以芥薑으로 爲重이니라.

水陸草木之花 可愛者 甚繁而陶淵明이 愛菊하고 周濂溪
愛蓮하고 富貴繁華之人이 多愛牧丹하나니 淵明은 隱者故로
人以菊花로 比之於隱者하고 濂溪는 君子故로 人以蓮花로
比之於君子하고 牧丹은 花之繁華者故로 人以牧丹으로 比
之於繁華富貴人이니라.

11. 계산에는 구구단이 편하다.

물건이 가지런하지 않은 것은 물건의 본래 본성이다.
심(尋)과 장(丈)과 척(尺)과 촌(寸)으로써 물건의 길
고 짧음을 헤아렸다.
또 근(斤)과 량(兩)과 치(錙)와 수(銖)로써 물건의 가
벼움과 무거움을 칭하고 말(斗)과 곡(斛)과 승(升)과
섬(石)으로써 물건의 많음과 적음을 헤아렸다.
만물의 수를 계산하는 것은 구구단처럼 편한 것이 없
다. 구구단이라 하는 것은 아홉 곱하기 아홉은 여든 하
나가 되는 것이다.

物之不齊는 乃物之情故로 以尋丈尺寸으로 度物之長短하
고 以斤兩錙銖 稱物之輕重하고 以斗斛升石으로 量物之多
寡니라.
算計萬物之數 莫便於九九하니 所謂九九者는 九九八十一
之數也니라.

12. 사람이 가장 신령하다.

만물 가운데 오직 사람이 가장 신령하다. 아버지와 자식은 친함이 있어야 하며 임금과 신하는 의리가 있어야 하며 남편과 부인은 분별이 있어야 하며 어른과 어린이는 차례가 있어야 하며 친구와 친구 사이는 신용이 있어야 한다.

萬物之中에 惟人이 最靈하니 有父子之親하며 有君臣之義하며 有夫婦之別하며 有長幼之序하며 有朋友之信이니라.

13. 성인이 혼인의 예절을 만들다.

나를 낳으신 분은 아버지와 어머니요, 내가 낳은 자가 아들과 딸이다. 아버지의 아버지는 할아버지가 되고 아들의 아들이 손자가 된다. 나와 더불어 아버지와 어머니를 같이 한 사람이 형과 아우가 되고 부모의 형과 아우가 아제요, 형과 아우의 자녀가 조카가 되고 아들의 아내는 며느리가 되고 딸의 지아비는 사위가 된다.

남편과 부인이 있은 연후에 아버지와 자식이 있다. 남편과 부인이라는 것은 사람 도리의 시작이다. 그러므로 옛 성인이 혼인의 예절을 만들어 그 일을 중요하게 하였다.

사람이 부모가 없다면 쫓아 태어남이 없다. 또 사람이

태어나 세 해를 지나야 비로소 부모의 품을 면한다. 그 효도를 극진히 하고자 한다면 수고로움을 지극히 하여 죽음에 이를 정도로 하고 부모가 돌아가시면 지성을 다하여 극진히 삼년상을 다하여 그 낳으신 은혜를 갚는 것이다.

生我者 爲父母요 我之所生이 爲子女요 父之父 爲祖요 子之子 爲孫이요 與我同父母者 爲兄弟요 父母之兄弟 爲叔이오 兄弟之子女 爲姪이오 子之妻 爲婦요 女之夫 爲婿니라. 有夫婦然後에 有父子하니 夫婦者는 人道之始也니라 故로 古之聖人이 制爲婚姻之禮하여 以重其事하시니라.

人非父母면 無從而生이라 且人生三歲然後에 始免於父母之懷故로 欲盡其孝則服勤至死하고 父母 沒則致喪三年하여 以報其生成之恩이니라.

14. 의리있는 곳에 목숨을 버린다.

들에서 밭을 가는 이는 임금의 땅으로 먹고 조정에서 벼슬하는 이는 임금의 녹봉을 먹는다.

사람이 진실로 부모님이 아니라면 낳지 못하고 또한 임금이 아니면 먹지 못한다.

그러므로 신하가 임금을 섬기기를 자식이 아버지 섬김같이 하여 오직 의리있는 곳이라면 목숨을 버리고 충성을 다해야 할 것이다.

耕於野者는 食君之土하고 立於朝者는 食君之祿이니 人이 固非父母則不生이오 亦非君則不食故로 臣之事君이 如子事父하여 唯義所在則舍命效忠이니라.

15. 그 도를 존중하고 그 덕을 공경해야

같은 신분의 같은 나이 사람들은 가히 서로 넘지 못한다. 하물며 내 나이보다 많고 벼슬이 나보다 더 귀하고 도가 나보다 높은 이에 있어서랴.

그러므로 고을의 모임이 있으면 나이 많은 이를 공경하며 조정에 나아가면 그 벼슬 높은 이를 공경하고 또 도가 있는 이는 그 도를 존중하며 덕이 있는 이는 그 덕을 공경해야 한다. 이것이 예의다.

人於等輩에 尙不可相踰어든 況年高於我하고 官貴於我하고 道尊於我者乎아 故로 在鄕黨則敬其齒하고 在朝廷則敬其爵하고 尊其道而敬其德이 是禮也니라.

16. 유익한 벗과 해로운 벗.

증자께서 말씀하시기를 "군자는 글로써 벗을 모으고 벗으로써 어짊을 돕는다." 라고 하셨다.

보통 사람들은 능히 허물이 없지 않다. 벗들이 착해지도록 책하는 것도 도리이다. 그러므로 사람들이 그 덕성을 닦아 이루는 것은 진실로 스승과 벗들의 공에 의

해 얻는다.
 그러나 벗은 유익한 벗이 있고 또한 해로운 벗이 있다. 벗을 사귐에 가히 단정한 이를 선택해야 한다.

 曾子曰 君子는 以文會友하고 以友輔仁이라 하시니 蓋人不能無過而朋友 有責善之道故로 人之所以成就其德性者 固莫大於師友之功이라 雖然이나 友有益友하고 亦有損友하니 取友를 不可不端也니라.

 17. 모든 사람의 품성은 착하지 않은 것이 없다.
 한 가지로 부모의 남은 기운을 받고 태어난 사람이 형과 아우이다. 또 사람이 바야흐로 어릴적에 음식을 먹을 때는 밥상을 함께 하고 잠도 함께 자며 이불을 함께 하고 한 가지로 부모의 은혜를 입은 것이 또 나의 형과·아우 같은 이가 없다.
 그러므로 그 부모를 사랑하는 사람들은 또한 반드시 그 형과 아우도 사랑한다.
 종족은 비록 친하며 소원(疏遠)하며 멀며 가까운 분별이 있다. 그러나 그 근본을 미루어 보면 한 가지로 이 조상의 골육이다. 진실로 종족들간에 서로 우애치 아니하면 이는 그 근본을 잊는 것이다. 사람이 이 근본을 잊으면 도는 점점 더 멀어진다.
 아버지는 사랑하고 자식은 효도하며 형은 사랑하고 아우는 공경하며 남편은 화하고 아내는 순하며 임금

섬김을 진실되게 하고 사람 접함을 공손히 하며 친구와 더불어 믿음이 있게 하고 종족 구제함을 두터이 한다면 가히 덕을 이룬 군자라 할 수 있다.

 모든 사람의 품성은 착하지 아니한 것이 없다. 부모를 사랑하고 형을 공경하며 임금께 충성하고 어른에게 공손할 도리를 다 이미 내 마음 가운데에 갖췄다. 진실로 가히 밖에서 구하는 것이 아니요, 오직 내가 힘써 행하고 열심히 노력하는 데에 있다.

 사람이 학문이 아니면 진실로 그 어떤 것이 효도가 되며 어떤 것이 충성이 되며 어떤 것이 공경이 되며 어떤 것이 신용이 되는 것인가는 알기 어렵다.

 그러므로 반드시 모름지기 글을 읽고 이치를 궁리하며 옛사람에게 구하여 보며 내 마음에 본받아 경험하여 그 한 가지 착한 것을 얻어 힘써 행한다. 그러면 효도와 공경과 충성과 신의의 절차가 스스로 하늘의 베푼 법칙에 합당치 아니한 것이 없게 된다.

 同受父母之餘氣하여 以爲人者 兄弟也니라 且人之方幼也에 食則連牀하고 枕則同衾하여 共被父母之恩者 亦莫如我兄弟也라 故로 愛其父母者는 亦必愛其兄弟니라.

 宗族이 雖有親疎遠近之分이나 然이나 推究其本則同是祖先之骨肉이니 苟於宗族에 不相友愛則是는 忘其本也니라 人而忘本家道 漸替니라.

 父慈而子孝하며 兄愛而弟敬하며 夫和而妻順하며 事君忠而接人恭하며 與朋友信而撫宗族厚이면 可謂成德君子也니라.

凡人稟性이 初無不善이니 愛親敬兄하며 忠君弟長之道 皆已具於吾心之中이니 固不可求之於外面而惟在我力行而不已也니라.

人非學問이면 固難知其何者 爲孝이며 何者 爲忠이며 何者 爲弟이며 何者 爲信故로 必須讀書窮理하여 求觀於古人하며 體驗於吾心하여 得其一善하여 勉行之則孝弟忠信之節이 自無不合天敍之則矣니라.

18. 아홉 가지 모양과 아홉 가지 생각.

몸과 마음을 수렴함이 아홉 가지 모양보다 좋은 것이 없다.

이른바 아홉 가지 모양이라는 것은 발의 모양은 무겁게 하며 손의 모양은 공손하게 하며 눈의 모양은 단정하게 하며 입의 모양은 가만히 있는 것처럼 하며 소리의 모양은 안정되게 하고 머리의 모양은 곧게 하며 그 기운의 모양은 엄숙하게 하며 서 있는 모양은 덕이 있게 하며 낯빛의 모양은 씩씩하게 하는 것이다.

학문에 나아가고 지혜를 얻음에 있어 아홉 가지 생각보다 나은 것이 없다.

이른바 아홉 가지 생각이란 시선은 밝음을 생각하며 들음에 총명함을 생각하며 낯빛에는 온화함을 생각하며 모양은 공순함을 생각하며 말에는 충실함을 생각하며 일에는 공경함을 생각하며 의심나는 것은 묻기를 생각하며 분노함에는 어려움을 생각하며 이익을 얻음에는 의로운가를 생각해야 한다.

  收斂身心이 莫切於九容이니 所謂九容者는 足容重하며 手容恭하며 目容端하며 口容止하며 聲容靜하며 頭容直하여 氣容肅하며 立容德하며 色容莊이니라.
  進學益智 莫切於九思니 所謂九思者는 視思明하며 聽思聰하며 色思溫하며 貌思恭하며 言思忠하며 事思敬하며 疑思問하며 忿思難하며 見得思義니라.

제4권
동몽선습(童蒙先習)

제4편
동산습합(童山拾拾)

동몽선습(童蒙先習)

1. 사람은 천지중에 가장 귀하다.

하늘과 땅 사이의 많은 물건의 무리 가운데 오직 사람이 가장 귀하다. 사람을 귀하게 여기는 것은 그 다섯 가지 인륜이 있음으로써다.

이러한 이유로 맹자께서 말씀하시기를 "아버지와 자식은 친함이 있으며 임금과 신하는 의가 있으며 남편과 아내는 분별이 있으며 어른과 어린이는 차례가 있으며 친구와 친구는 믿음이 있다" 하셨다.

이에 사람이 다섯 가지 떳떳함이 있음을 알지 못하면 새와 짐승과 다를 것이 없다.

그러므로 아버지는 사랑하고 자식은 효도하며 임금은 의로써 하고 신하는 충성하며 남편은 화하고 아내는 순하며 형은 우애하고 아우는 공손히 하며 친구간에는 어짊으로 도운 연후에야 바야흐로 가히 사람이라 말할 수 있으리라.

天地之間 萬物之衆에 惟人이 最貴하니 所貴乎人者는 以

其有五倫也라.

 是故로 孟子曰 父子有親하며 君臣有義하며 夫婦有別하며 長幼有序하며 朋友有信이라 하시니 人而不知有五常則其違禽獸 不遠矣리라.

 然則父慈子孝하며 君義臣忠하며 夫和婦順하며 兄友弟恭하며 朋友輔仁然後에사 方可謂之人矣리라.

2. 아버지와 자식은 친함이 있다(父子有親)

 아버지와 자식은 천성으로부터 친한지라 낳아서 기르고 사랑하여 가르치며 받들어 모시고 대를 이으며 효도하고 봉양해야 한다. 이런 까닭으로 옳은 방법을 가르쳐 간사한 곳에 빠지지 않게 하며 부드러운 소리로 간하여 향과 당과 주와 여에서 죄를 얻지 않게 한다.

 진실로 혹 아버지가 그 자식을 자식으로 여기지 아니하며 자식이 아버지를 아버지로 모시지 않는다면 그 어찌 세상에 설 수 있겠는가. 천하에는 옳지 아니한 부모는 없는 것이다. 아버지가 비록 자애롭지 아니할지라도 아들은 반드시 효도를 해야 한다.

 옛날에 순임금의 아버지는 사납고 어머니는 어리석었으나 순임금이 능히 효도로써 변하게 하시고 점점 깨우치게 하여 간악한데 이르지 않게 하셨다. 효자의 도리가 이같이 지극한 것이다.

 공자께서 말씀하시기를 "다섯 가지 형벌에 딸린 죄가 3천 가지나 되지만 그 죄가 불효보다 큰 것이 없다" 하셨다.

父子는 天性之親이라 生而育之하고 愛而敎之하며 奉而承之하고 孝而養之하나니 是故로 敎之義方하야 弗納於邪하며 柔聲以諫하야 不使得罪於鄕黨州閭하나니.

苟或父而不子其子하며 子而不父其父하면 其何以立於世乎리오 雖然이나 天下에 無不是底父母라 父雖不慈나 子不可以不孝니.

昔者에 大舜이 父頑母嚚하되 舜이 克諧以孝하사 烝烝乂하야 不格姦하시니 孝子之道 於斯에 至矣로다. 孔子曰 五刑[1]之屬이 三千이로되 而罪 莫大於不孝라 하시니라.

1) 五刑(오형): ①태형(笞刑: 회초리로 볼기를 치는 형)·장형(杖刑: 곤장으로 볼기를 때리는 형벌)·도형(徒刑: 지금의 징역)·유형(流刑: 죄인을 먼곳으로 추방해 그곳에 있게 하는 형벌)·사형(死刑: 죽임). ②옛날 중국의 다섯 가지 형벌로 묵형(墨刑: 몸에 먹물로 글자를 새김)·의형(劓刑: 코를 벰)·월형(刖刑: 발목을 자름)·궁형(宮刑: 불알 제거)·대벽형(大辟刑: 목 벰).

3. 임금과 신하는 의가 있다(君臣有義)

임금과 신하는 하늘과 땅의 분별과 같다. 높고 또 귀하며 낮고 또 천하다. 높고 귀한 이가 낮고 천한 이를 부리는 것과 낮고 천한 이가 높고 귀한 이를 섬기는 것은 하늘과 땅의 떳떳한 법이며 옛날과 지금에서 통하는 의였다.

그러므로 임금된 자는 원리를 몸소 체득하고 호령을 발하며 명령을 베푸는 이였으며 신하된 자는 원리를 조화하여 어진 것을 베풀며 간사한 것을 막는 자였다. 서로 만나 군신의 의가 맺어지면 각각 그 도리를 다하여 한 가지로 공경하고 협동하며 공손히 하여 나라를 잘 다스리도록 해야 한다.

진실로 혹 임금이 능히 임금의 도리를 다하지 못하며 신하가 능히 신하의 직분을 다하지 못하면 가히 더불어 함께 온 나라를 다스리지 못하게 된다.

비록 그러할지라도 나의 임금을 무능하다고 말하는 것은 역적이다. 옛날에 상(은)나라의 주(紂)왕은 모질고 사나웠으니 비간이라는 충신이 간하다 죽었다. 충신의 절개는 이와 같아야 한다.

공자께서 말씀하시기를 "신하는 임금 섬기기를 충성으로써 해야 한다" 하셨다.

君臣은 天地之分이라 尊且貴焉하며 卑且賤焉하니 尊貴之使卑賤과 卑賤之事尊貴는 天地之常經이며 古今之通義라.
是故로 君者는 體元而發號施令者也요 臣者는 調元而陳善閉邪者也라 會遇之際에 各盡其道하야 同寅協恭하야 以臻至治하나니.
苟或君而不能盡君道하며 臣而不能修臣職이면 不可與共治天下國家也니라 雖然이나 吾君不能을 謂之賊이니 昔者에 商紂 暴虐이어늘 比干이 諫而死하니 忠臣之節이 於斯에 盡矣로다. 孔子曰 臣事君以忠이라 하시니라.

4. 남편과 아내는 분별이 있다(夫婦有別)

남편과 아내는 각기 성이 다른 두 성의 합한 것이다.

이것은 백성을 태어나게 함의 시작이며 만가지 복의 근본이다. 중매를 행하여 혼인을 의논하며 폐백을 드리고 친히 맞는 것은 그 부부간의 분별을 두터이 한 것이다. 이런 까닭에 장가를 들어도 같은 성을 취하지 아니하며 집을 지어도 안과 밖을 분별하여 남자는 밖에 나가서 집안일을 말하지 아니하고 부인은 집안에서 바깥일을 말하지 아니하여야 한다.

진실로 능히 씩씩함으로 임하여서 하늘의 건전한 도를 몸소 받고 부드러움으로써 바르게 하여 땅의 순한 의를 이어 받으면 집안의 도가 바로 잡힐 것이다.

이와는 반대로 남편이 아내를 전제하지 못하여 그를 거느림을 그 도리로써 못하고, 아내가 그 남편을 이겨서 섬기기를 그 의로써 아니하여 삼종지도(三從之道 : 세 가지 따르는 도리)를 알지 못하고 칠거지악(七去之惡 : 일곱 가지 내쫓길 나쁜 일)이 있으면 집안의 도리가 무너진다.

모름지기 남편은 그 몸을 공경하여 그 아내를 거느리고 아내는 그 몸을 공경하여 그 남편을 받들어서 남편과 아내가 화순하여야 부모가 편안하고 즐거워 하신다.

옛날에 극결이라는 사람이 김을 매거늘 그 아내가 점심을 차려서 공경하되 서로 대접함을 손님 대하듯이

하였다. 부부의 도리는 당연히 이렇게 해야 한다.
자사께서 말씀하시기를 "군자의 도의 처음은 부부에서부터 시작된다" 하셨다.

夫婦는 二姓之合이라 生民之始며 萬福之原이니 行媒議婚하며 納幣親迎者는 厚其別也라 是故로 娶妻하되 不娶同姓하며 爲宮室하되 辨內外하야 男子는 居外而不言內하고 婦人은 居內而不言外하나니 苟能莊以涖之하야 以體乾健之道하고 柔以正之하야 以承坤順之義則家道 正矣어다.
　反是而夫不能專制하야 御之不以其道하고 婦乘其夫하야 事之不以其義하야 昧三從之道¹⁾하고 有七去之惡²⁾則家道索矣리라 須是夫敬其身하야 以帥其婦하고 婦敬其身하야 以承其夫하야 內外和順이라야 父母其安樂之矣시리라.
　昔者에 郤缺이 耨어늘 其妻 饁之하되 敬하야 相待如賓하니 夫婦之道 當如是也니라 子思曰 君子之道 造端乎夫婦라 하시니라.

1) 三從之道(삼종지도) : 여자가 태어나서 따라야 할 세 가지 도리. 곧 시집가기 전에는 아버지를 따르고, 시집가서는 남편을 따르고, 남편이 죽으면 아들을 따르는 도리. (未嫁從父·旣嫁從夫·夫死從子)
2) 七去之惡(칠거지악) : 아내를 내보내는 일곱 가지 이유. 즉 시어머니께 불손한 여자, 자식을 못낳는 여자, 음탕한 여자, 질투심이 많은 여자, 나쁜 병이 있는 여자, 구설수에 오르는 여자, 도둑질하는 여자(不順舅姑·無子·淫行·嫉妬·惡疾·口舌·盜竊).

5. 어른과 어린이는 차례가 있다(長幼有序)

어른과 어린이는 천륜의 차례가 있다. 형이 형되는 것과 아우가 아우되는 것은 어른과 어린이의 도로부터 나오는 것이다. 대개 종족과 향당에는 어른이나 어린이가 있다. 가히 차례를 문란하게 하지 못할 것이다.

천천히 행하여 어른의 뒤에 하는 것을 가리켜 공순이라 하고 빨리 행하여 어른에게 먼저하는 것을 일러 공순치 못하다 할 것이다. 그러므로 나이가 갑절이면 아버지와 같이 섬기고 열 살이 더 되면 형과 같이 섬기고 다섯 살이 많으면 어깨를 사이에 두고 좇을 것이다.

어른이 어린이를 사랑하며 어린이가 어른을 공경한 연후에야 젊은이를 업신여기며 어른을 능멸하는 폐단 없이 사람의 도의가 바로 된다.

하물며 형과 아우는 같은 기운의 사람이다. 뼈와 살을 같이 한 지극히 친한 사이이다. 마땅히 더욱 우애할 것이요, 가히 성냄을 감추며 원망함을 품어 하늘의 떳떳한 도를 패하지 못할 것이다.

옛날에 사마광은 그 형인 백강과 더불어 우애함을 더욱 두텁게 하여 공경하는 것을 엄한 아버지와 같이 하고 보호하는 것을 어린이와 같이 하였다. 형과 아우의 도는 마땅히 이렇게 해야 한다.

맹자께서 말씀하시기를 "두서너살 된 어린아이라도 그 부모의 사랑을 알지 못함이 없으며 그가 장성해서는 그 형 공경하는 것을 알지 못함이 없느니라" 하셨다.

長幼는 天倫之序라 兄之所以爲兄과 弟之所以爲弟 長幼之道의 所自出也라 蓋宗族鄕黨에 皆有長幼하니 不可紊也라 徐行後長者를 謂之弟요 疾行先長者를 謂之不弟니 是故로 年長以倍則父事之하고 十年以長則兄事之하고 五年以長則肩隨之니 長慈幼하며 幼敬長然後에야 無侮少凌長之弊而人道 正矣리라.

而況兄弟는 同氣之人이라 骨肉至親이니 尤當友愛요 不可藏怒宿怨하야 以敗天常也니라 昔者에 司馬光이 與其兄伯康으로 友愛尤篤하야 敬之如嚴父하고 保之如嬰兒하니 兄弟之道 當如是也니라 孟子曰 孩提之童이 無不知愛其親이며 及其長也하야는 無不知敬其兄也라하시니라.

6. 친구와 친구는 믿음이 있어야 한다.(朋友有信)

친구는 자기와 같은 또래의 사람이다. 사귀어 유익한 친구가 세 가지 있고 손해인 친구가 또한 세 가지가 있다. 친구가 정직하며 친구가 믿음이 있으며 친구가 들은 것이 많으면 유익하고, 친구가 편벽하며 친구가 너무 착하고 유하며 친구가 아부하면 손해가 된다.

친구라는 것은 그 덕을 벗하는 것이다. 임금으로부터 서민에 이르기까지 친구를 거느려 이루지 아니한 것이 없다. 그 나눔이 소원한 듯하나 그 관계한 것은 지극히 친한 것이다. 이런 까닭으로 친구 가지기를 반드시 단정한 사람으로 하며 친구 사귀기를 반드시 자기보다 나은 사람으로 해야 한다.

 마땅히 어진 것을 꾸짖는 것은 믿음으로써 하며 간절히 힘써서 충심으로 고하여 선도하다가 듣지 아니하거든 그만두어야 한다.

 진실로 사귀어 노는 시절에는 학문과 덕행을 닦음으로써 서로 더불어 하지 않고 다만 잡기를 하며 오락으로써 서로 친하다면 어찌 능히 오래도록 친구로써 사귈 수 있으리오

 옛날에 안자라는 사람은 사람과 더불어 사귈 때 오래도록 공경하였다. 친구의 도의는 마땅히 이와 같아야 할 것이다.

 공자께서 말씀하시기를 "친구에게 신용이 얻지 못하면 윗사람에게 믿음을 얻지 못한다. 친구에게 믿음의 도가 있다. 부모에게 효순치 못하면 친구에게 또한 믿음을 받지 못하리라" 하셨다.

 朋友는 同類之人이라 益者 三友요 損者 三友니 友直하며 友諒하며 友多聞이면 益矣요 友便辟하며 友善柔하며 友便佞이면 損矣리라 友也者는 友其德也라 自天子로 至於庶人이 未有不須友以成者하니 其分이 若疎而其所關이 爲至親하니 是故로 取友를 必端人하며 擇友를 必勝己니 要當責善以信하며 切切偲偲하야 忠告而善導之하다가 不可則止니라.

 苟或交遊之際에 不以切磋琢磨로 爲相與하고 但以歡狎戲謔으로 爲相親則安能久而不疎乎리오 昔者에 晏子 與人交

하되 久而敬之하니 朋友之道 當如是也니라 孔子曰 不信乎
朋友면 不獲乎上矣리라 信乎朋友 有道하니 不順乎親이면
不信乎朋友矣라 하시니라.

7. 총체적인 논의(總論)

 이 다섯 가지 품성은 하늘이 편 법전이요, 사람의 도
리에 본래 있는 것이다.
 사람의 행실은 다섯 가지에서 벗어나지 아니하고 오
직 효도는 백 가지 행실의 근원이 되는 것이다. 이로써
효자가 부모를 섬길 때는 닭이 처음 울 때 세수와 양
치질을 하고 부모의 거처에 가서 조용하고 화한 목소
리로 옷이 더운가 찬가를 물으며 어떤 음식을 드릴지
묻는다. 겨울이면 따뜻이 해 드리고 여름이면 시원하게
해 드리며 어두울 때면 자리를 정하여 드리고 새벽에
는 문후를 살피며 나갈 때는 반드시 고하며 돌아오면
반드시 돌아왔음을 알린다. 멀리 나가 놀지 아니하며
놀게 되면 반드시 노는 곳을 밝혀 둔다.
 감히 그 몸을 자기 마음대로 두지 못하며 감히 그 재
물을 사사로이 갖지 못하는 것이다.
 부모께서 자기를 사랑하시거든 기뻐하며 잊지 않는다.
미워하시거든 두려워하되 원망하는 것이 없이 한다. 부
모에게 허물이 있거든 간하고 거스르지 아니한다. 세
번 간해도 듣지 아니 하시거든 부르짖어 울고 따르며
노하여 종아리를 때려 피를 흘려도 감히 빨리 원망하

지 아니한다.

 거처함에는 그 공경을 다하고 봉양함에는 그 즐거움에 이르도록 하고 병환에는 그 근심을 다하고 상사(돌아가시다)에는 그 애통함을 다하고 제사에는 그 엄숙함을 다할 것이다.

 만일 사람의 아들로 효도를 하지 않는 자는 그 부모를 사랑하지 않고 다른 사람의 부모를 사랑하며, 그 부모를 공경하지 않고 다른 사람을 공경하며, 또 그 사지를 게을리하고 부모의 봉양은 돌아보지 않는다.

 바둑놀이와 술 마시기를 좋아하고 부모의 봉양을 돌아보지 않으며 재물을 좋아하며 아내와 자식에게 사사로이 하면서 부모의 봉양을 돌아보지 않는다. 귀와 눈이 좋아하는 것만을 좇아 부모에게 욕이 되게 하며 싸움을 좋아하여 이곳 저곳에서 싸워 부모를 위험스럽게 하는 자이다.

 슬프다! 그 사람의 행실이 착하고 착하지 못한 것을 보고자 하면 반드시 먼저 그 사람이 효도하는가 효도하지 아니하는가를 보아야 한다. 가히 몸을 삼가하지 않을 것이며 가히 두렵지 아니한가.

 진실로 능히 그 부모에게 효도하면 이것을 미루어 임금과 신하 사이와 부부 사이와 어른과 어린이 사이와 친구간 어디에서나 가능하지 아니하리오.

 효도는 사람에게 있어 크고 또한 높고 멀고 행하기 어려운 일이 아니다. 그러나 스스로 나면서 아는 사람이 아니면 반드시 학문을 자료로 하여 알 것이다. 학문의 도에는 다른 것이 없는 것이다. 장차 옛날이나 지금을 통하여 사물의 이치에 통달하여 이것을 마음에 새기며 이것을 몸에 체득함이니 가히 그 학문에 힘을 다하지 아니할 것인가? 그러므로 그 대대로 내려오는 중요한 뜻을 척출하여 여기에 기록한다.

此五品者는 天敍之典而人理之所固有者라 人之行이 不外乎五者而惟孝 爲百行之源이라 是以로 孝子之事親也는 鷄初鳴이어든 咸盥漱하고 適父母之所하야 下氣怡聲하야 問衣襖寒하며 問何食飮하며 冬溫而夏淸하며 昏定而晨省하며 出必告하며 反必面하며 不遠遊하며 遊必有方하며 不敢有其身하며 不敢私其財니라.

父母 愛之어시든 喜而不忘하며 惡之어시든 懼而無怨하며 有過어시든 諫而不逆하고 三諫而不聽이어시든 則號泣而隨之하며 怒而撻之流血이라도 不敢疾怨하며 居則致其敬하고 養則致其樂하고 病則致其憂하고 喪則致其哀하고 祭則致其嚴이니라.

若夫人子之不孝也는 不愛其親이요 而愛他人하며 不敬其親이요 而敬他人하며 惰其四肢하야 不顧父母之養하며 博奕好飮酒하야 不顧父母之養하며 好貨財하며 私妻子하야 不顧父母之養하며 從耳目之好하야 以爲父母戮하며 好勇鬪狠하야 以危父母하나니라.

噫라 欲觀其人의 行之善不善인데 必先觀其人之孝不孝니 可不愼哉며 可不懼哉아 苟能孝於其親則推之於君臣也와 夫婦也와 長幼也와 朋友也에 何往而不可哉리오 然則孝之

於人에 大矣而亦非高遠難行之事也라 然이나 自非生知者면
必資學問而知之니 學問之道는 無他라 將欲通古今하며 達
事理하야 存之於心하며 體之於身이니 可不勉其學問之力哉
아 玆用撫其歷代要義하야 書之于左하노라.

8. 태극에서 음과 양이 나뉘어진다.

　대개 태극이 비로소 쪼개어져 음과 양이 처음으로 나
뉘었다. 오행이 서로 태어나서 먼저 이치와 기운이 있
었다. 사람과 만물의 태어남에 수풀과 수풀이 총총하였
다. 이에 성인이 먼저 태어나 하늘을 이어 극진한 것을
세우셨다.
　천황씨와 지황씨와 인황씨와 유소씨와 수인씨가 이
태고의 성인이다.
　복희씨가 비로소 팔괘를 만들었으며 글씨와 문서를
만들어 노끈을 맺어 글자를 대신하여 정치를 하였다.
신농씨는 쟁기와 보습을 만들고 의약을 제조하였다. 황
제씨는 방패와 창을 사용했으며 배와 수레를 만들고
책력과 산술을 만들었으며 음률을 만들었으니 이를 일
러 삼황이라 한다.
　소호와 전욱과 제곡과 요임금과 순임금을 다섯 황제
라 한다. 고요와 기와 직과 설이라는 신하가 요임금과
순임금을 도왔다. 요임금과 순임금은 다스림이 높아 일
백 임금의 으뜸이었다. 공자께서는 책을 쓰시며 당과
우로부터 시대를 정하였다.

하나라의 우왕과 상나라의 탕왕과 주나라의 문왕과 무왕을 세 임금이라 말한다. 왕위에 있음이 혹은 4백년이라 하며 혹은 6백년이라 하며 혹은 8백년이라 한다. 세 나라의 융성함을 후세에는 따르지 못했다.

상나라의 이윤과 부열과 주나라의 주공과 소공은 다 어진 신하였다.

주공은 예법을 정하고 음악을 만들었다. 그 후로 글과 법도가 찬연히 빛나게 되었다가 차츰 쇠퇴함에 이르렀다. 다섯 패자의 제후가 그 뒤를 이끌어서 왕실을 바르게 하였다.

蓋自太極[1]肇判하야 陰陽始分으로 五行이 相生에 先有理氣라 人物之生이 林林總總하더니 於是에 聖人이 首出하사 繼天立極하시니 天皇氏와 地皇氏와 人皇氏와 有巢氏와 燧人氏 是爲太古라.

伏羲氏 始畵八卦하며 造書契하야 以代結繩之政[2]하시고 神農氏 作耒耟하며 制醫藥하시고 黃帝氏 用干戈하며 作舟車하며 造歷算하며 制音律하시니 是爲三皇이라.

少昊와 顓頊과 帝嚳과 帝堯와 帝舜이 是爲五帝라 皐夔稷契이 佐堯舜而堯舜之治 卓冠百王이라 孔子 定書에 斷自唐虞하시니라.

夏禹와 商湯과 周文王武王이 是爲三王이니 歷年이 或四百하며 或六百하며 或八百하니 三代之隆을 後世莫及而商之伊尹傅說과 周之周公召公이 皆賢臣也라 周公이 制禮作樂하시니 典章法度가 粲然極備하더니 及其衰也하야 五霸[3] 摟諸侯

하야 以匡王室하니라.
1) 太極(태극) : 천지가 아직 열리지 않고 혼돈한 상태로 있던 때. 하늘과 땅이 나뉘지기 이전.
2) 結繩之政(결승지정) : 노끈을 맺어 글자를 대신하던 태고의 정치.
3) 五霸(오패) : 제환공(齊桓公)·진문공(晉文公)·진목공(秦穆公)·송양공(宋襄公)·초장왕(楚莊王)을 말한다.

9. 공자는 하늘이 낳은 성인이다.

공자는 하늘이 낳으신 성인이었다. 수레로서 천하를 두루 돌으셨으나 도를 세상에 행하지 못하셨다. 시와 서의 문장과 글귀를 다듬고 다시 꾸몄으며 예절과 악음을 정리하셨다. 『주역』을 정리하시고 『춘추』를 편찬했으며 지나간 성인의 대를 이으시고 다가오는 학자들 앞길을 열으셨다. 그 도를 전한 자는 안자와 증자이다. 그의 행동이 『논어』에 나와 있다. 또 증자의 제자가 『대학』을 만들었다.

여러 나라가 창과 칼로 앞다투는 것이 매일 계속되어 싸움이 그치지 않았다. 이것을 전국시대라 한다. 진나라·초나라·연나라·제나라·한나라·위나라·조나라가 이 때의 칠웅이 되었다.

공자의 손자 자사가 이 때 태어나 『중용』을 만들었고 그 문하의 제자 맹자가 왕도를 제나라와 양나라에 베풀었다. 그러나 도가 또한 행해지지 못하여 『맹자』 7편을 저술하였다. 이후로 이단과 종횡과 공리의 설이 성

행하였다. 그러므로 우리의 도는 전해지지 못하였다.

　孔子 以天縱之聖으로 轍環天下하시되 道不得行于世하야 刪詩書하시며 定禮樂하시며 贊周易하시며 修春秋하사 繼往聖開來學하시고 而傳其道者는 顔子曾子라 事在論語하니라 曾子之門人이 述大學하니라.
　列國則干戈 日尋하야 戰爭不息하야 遂爲戰國하니 秦楚燕齊韓魏趙 是爲七雄이라 孔子之孫子思 生斯時하사 作中庸하시고 其門人之弟孟軻 陳王道於齊梁하시되 道又不行하야 作孟子七篇而異端縱橫功利之說이 盛行이라 吾道는 不傳하니라.

　10. 진나라 시황제에 이르러 천하가 통일되었다.
　진나라의 시황제에 이르러 두 주나라를 굴복시키고 여섯 나라를 멸망시켰다. 제후의 나라를 없애고 군과 현을 두었으며 『시전』과 『서전』을 불사르고 선비를 구덩이에 파묻었다. 결국 2대에 멸망하였다.
　한나라 고조 임금은 벼슬없는 사람으로 일어나서 임금의 업을 이루어 4백년을 이었다. 명제 임금 때에 있어서 서역의 불교 법이 비로소 중국에 들어왔다.
　촉한과 오나라와 위나라의 세 나라가 손발처럼 대치할 때 제갈량이 의를 좇아 한나라를 돕다가 병으로 군중에서 죽었다.
　진나라가 천하를 통일한 지 1백여년이 넘은 후 송나

라·제나라·양나라·진나라가 남북으로 분열하였다.
 다시 수나라가 하나로 통일하여 30여년 간을 통치하였다.
 당나라 고조 임금과 태종임금이 수나라의 왕실이 어지러운 것을 틈타 수나라를 멸망시키고 나라를 세워서 3백년을 이었다.
 그후 오계는 아침에 천하를 얻고 저녁에 천하를 잃을 정도로 대란이 극도에 달하였다.
 송나라 태조가 나라를 세운 초기에 다섯 별이 규성에 모여서 염·낙·관·민의 여러 어진이가 쏟아져 나왔다. 주돈이와 정호와 사마광과 장재와 소옹과 주희 같은 이가 서로 이어서 일어났다. 이들은 이 도를 열어 밝힘으로써 자기의 소임을 삼았다. 몸이 또한 용납함을 보지 못하였다. 주자께서는 여러 학자의 말을 모아서 사서와 오경의 주석을 달으시니 주자에게 학문의 공이 있음이 크다. 그러나 나라 형세가 강하지 못하여 3백년을 겨우 넘겼다.
 거란과 몽고와 요나라와 금나라가 서로 침범하고 자주 싸워서 그 나라들이 거의 망하기에 이르렀다.
 이때 문천상이라는 신하가 충성을 다하여 송나라를 구하려다가 마침내 연나라 감옥에서 죽었다.

 及秦始皇하야 吞二周滅六國하며 廢封建爲郡懸하며 焚詩書坑儒生하니 二世而亡하니라 漢高祖 起布衣[1]成帝業하야 歷年四百하되 在明帝時하야 西域佛法이 始通中國하니라.

蜀漢과 吳와 魏 三國이 鼎峙而諸葛亮이 仗義扶漢하다가 病卒軍中하니라 晉有天下에 歷年百餘하되 宋齊梁陳에 南北分裂이러니 隋能混一하되 歷年三十하니라. 唐高祖와 太宗이 乘隋室亂하야 化家爲國하야 歷年三百하니라. 五季는 朝得暮失하야 大亂이 極矣하니라.

宋太祖 立國之初에 五星이 聚奎하야 濂洛關閩[2]의 諸賢이 輩出하니 若周惇頤와 程顥와 司馬光[3]과 張載아 邵雍과 朱熹 相繼而起하야 以闡明斯道로 爲己任하되 身且不得見容而朱子集諸家說하사 註四書五經하시니 其有功於學者 大矣로다 然而國勢 不競하야 歷年三百하니라.

契丹과 蒙古와 遼와 金이 迭爲侵軼而及其垂亡하야 文天祥이 竭忠報宋하다가 竟死燕獄하니라.

1) 布衣(포의) : 벼슬이 없는 사람. 일반 서민.
2) 濂洛關閩(염락관민) : 염계(濂溪)의 주돈이(周惇頤). 자는 무숙(茂叔). 낙양(洛陽)의 정호(程顥). 자는 백정(伯淳). 호는 명도(明道). 그의 아우 정이(程頤). 자는 정숙(正叔). 호는 이천(伊川). 관중(關中)의 장재(張載). 자는 자후(子厚). 호는 횡거(橫渠). 민중(閩中)의 주희(朱熹). 자는 원회(元晦). 호는 회암(晦庵) 등 이들이 주창한 유학을 송학(宋學)·도학(道學)·염락관지학(濂洛關之學)이라고도 한다.
3) 司馬光(사마광) : 송나라 명신이며 사마온공(司馬溫公)이라고도 한다.

11. 단군이 처음으로 임금이 되었다.

동방에는 처음에 임금이 없었다. 이때 단군이라는 사람이 있어 태백산 박달나무 아래에 내려 신령스럽고 지혜가 밝거늘 나라 사람이 그 분을 세워서 임금을 삼았다. 이 때가 요임금 시대와 같고 나라 이름을 조선이라 하였다. 이 분이 단군이 되었다.

은나라 태사 기자가 무리를 거느리고 동쪽으로 건너와 백성들에게 예의를 가르쳤고 여덟 가지의 가르침을 베푸시어 어질고 좋은 풍속의 교화가 있었다.

연나라 사람 위만이 노관의 난으로 인하여 망명해 왔다. 이때 기준 임금을 꾀어 내쫓고 왕검성에 도읍을 세웠다.

기준 임금이 위만을 피하여 남쪽의 바다로 해서 금마군에 사셨다. 이것이 마한이 되었다.

또 진나라에서 도망한 사람이 피하여 한나라에 들어왔다. 한나라가 동쪽 지경을 베어서 떼어준 이것이 진한이 되었다.

변한이 한나라 땅에 나라를 세웠으나 그 시조와 연대를 알지 못하였다. 이것을 삼한이라 한다.

東方에 初無君長이러니 有人이 生于太白山檀木下하야 神靈明智어늘 國人이 立以爲君하니 與堯로 竝立하야 國號를 朝鮮이라 하니 是爲檀君이라 殷太師箕子 率衆東來하사 敎民禮儀하야 設八條之敎하시니 有仁賢之化러라.

燕人衛滿이 因盧綰亂하야 亡命來하야 誘逐箕準하고 據王儉城하니라.

箕準이 避衛滿하야 浮海以南하야 居金馬郡하니 是爲馬韓이라 秦亡人이 避入韓이어늘 韓이 割東界하야 以與하니 是爲辰

韓이라 弁韓則立國於韓地하니 不知其始祖年代라 是爲三韓
이라.

12. 신라·고구려·백제가 각각 나라를 세우다

신라의 시조 혁거세는 진한의 땅에 도읍하여 박씨로써 성을 삼았다. 고구려 시조 주몽은 졸본에 이르러 자칭 고신씨의 후예라 하여 성을 고씨라 하였다. 백제의 시조 온조는 하남 위례성에 도읍하여 부여로써 씨를 삼아 세 나라가 각각 한 모퉁이를 보전하여 서로 침범하고 싸웠다.

신라의 말년에 궁예라는 자가 북경 땅에서 모반하여 국호를 태봉이라 하고, 견훤이 완산에 도읍을 하고 자칭 후백제라 하였다. 신라가 망하니 박·석·김, 세 성씨가 서로 전하여 해를 지남이 9백9십2년이었다.

新羅始祖赫居世는 都辰韓地하야 以朴으로 爲姓하고 高句麗始祖朱蒙은 至卒本하야 自稱高辛氏之後라 하야 因姓高하고 百濟始祖溫祚는 都河南慰禮城하야 以夫扶餘로 爲氏하야 三國이 各保一隅하야 互相侵伐하더니, 新羅之末에 弓裔 叛于北京하야 國號를 泰封이라 하고 甄萱이 叛據完山하야 自稱後百濟라 하다. 新羅 亡하니 朴昔金三姓이 相傳하야 歷年이 九百九十二年이라.

13. 고려가 세워지다.

 태봉의 모든 장수들이 여조를 세워 임금을 삼고 나라 이름을 고려라 하여 해를 지남이 4백7십5년이었다.
 이태조는 고려를 대신하여 왕이 되고 국호를 조선이라 하여 해를 지남이 519년이었다.

 泰封諸將이 立麗祖하야 爲王하고 國號를 高麗라 하야 歷年이 四百七十五年이라.
 李太祖는 代高麗爲王하고 國號를 朝鮮이라 하야 歷年이 五百十九年이라.

14. 대한민국이 신헌법을 선포하다

 단기 4천2백8십1년 5월 10일에 대통령제 대한민국이 민주주의를 위하여 민의원을 선거로 뽑았다. 이것을 특히 제헌의원으로 명하고 새로운 헌법을 제정하여 선포, 시행하였다.
 대한민국은 비록 궁벽하며 바다의 한 모퉁이에 있고 땅이 좁고 적으나 인륜이 위에 밝고 교화가 아래에 행해졌다. 이 어찌 단군 할아버지와 기자의 남기신 교화가 아니리오?
 슬프다! 어린이는 마땅히 이것을 본받아 감동하며 일어나서 반드시 이 글을 읽어라.

檀紀四千二百八十一年五月十日에 大統領制大韓民國이 爲民主主義하야 始行總選民議員하고 特使制憲議員으로 制定憲法하야 宣布施行하니라.

　大韓民國은 雖僻在海隅하야 壞地扁少하나 人倫이 明於上하고 敎化 行於下하니 玆豈非檀祖와 箕子之遺化耶리오 嗟爾小子는 宜其觀感而興起하야 必讀此書하라.

제5권
관혼상제(冠婚喪祭)

관 례(冠禮)

1. 관례의 유래(由來).

관례(冠禮)란 어린아이에서 어른이 되었다는 것을 알리기 위해 하는 예식(禮式)이다.

옛날에는 남자는 15세가 넘어 20세 미만에 땋아내렸던 머리를 올리고 머리에 복건(幞巾), 초립(草笠), 사모(紗帽), 탕건(宕巾) 등의 갓(冠)을 씌우는 의식을 행하였다.

이것은 일상 생활에 있어, 이제부터는 철이 없는 어린 아이가 아니라 예의를 지켜야 하고, 사회 구성원의 한 사람으로서 책임과 의무가 주어졌음을 인식시키는 것이다. 또 밖으로는 맡은 바 일을 자신이 할 수 있는 능력이 있음을 알리고, 자기의 권리를 주장할 수 있게 하고, 그래서 어른으로 대접을 받게 하는데 그 의의(意義)와 목적이 있다.

그래서 결혼도 관례를 치른 다음에야 할 수 있었다.

명(明)나라 구준(丘濬)이 편찬한 『주자가례(朱子家禮)』에 보면

"남자는 15세부터 20세 사이에 관례를 치른다.(男子 年 十五 至二十 皆可冠)"

라고 했고, 송(宋)나라의 명신 사마온공(司馬溫公:字는 君實:이름은 光))도
"남자 나이가 15세 이상이 되어 글을 읽어 예의범절을 알게 되면 관례를 행하는 것이 옳다."
라고 했다.

그러므로 우리 나라에 『주자가례』가 전래된 것은 고려(高麗) 말엽이라, 이것이 사대부(士大夫) 양반 사회에 널리 행해지기는 조선(朝鮮) 초엽이 아닌가 한다.

『고려사(高麗史)』 광종(光宗) 16년(서기966년) 기록에
"왕자(王子)에게 원복(元服)을 입혀 태자(太子)로 삼았다."
한 것과, 의종(毅宗) 『상정례(詳定禮)』에
"왕자에게 원복의 의(儀)를 행하다."
하는 기록이 있는데 이를 관례로 보는 의견도 있으나 그 시대는 원(元)나라의 영향을 크게 받던 때였기 때문에 그것은 왕자에게 원나라의 의복을 입혔다는 기록일 것이며 그 이상의 의의가 없다는 견해도 있다.

관례를 치르는 연령은 15세 이상이 되어 정신적으로는 예의를 지킬 만하고 범절을 이해할 수 있는 정도이며, 육체적으로는 성인으로서의 외모를 갖춘 때였다. 그러나 조선 중엽 이후 왜란(倭亂)과 호란(胡亂)을 겪고 조혼(早婚)의 풍습이 생기면서부터 관례를 치르는 연령이 낮아져 10세 전후에 관례를 치르기도 했다.

그러다가 남자 나이가 10세 전후가 되면 관례 의식을 치르지 않고도 그냥 초립이나 복건을 씌우는 풍습이

생겼다.

 그래서 관례를 치르면 엄연히 어린아이가 아닌데도 초립을 쓴 아이라는 뜻의 '초립동(草笠童)'이란 말이 생기기도 했다.

 관례는 남자라면 누구나 다 치르는 것은 아니었다. 양반과 천민으로 구분되어 있던 조선 시대에는 천민 사회에서는 관례를 찾아볼 수 없었다. 천민들은 혼인을 하고도 탕건, 망건, 갓조차도 쓰지 못했다.

 이러한 관례 의식은 오랫동안 전해 내려오는 동안 지역과 가문에 따라 조금씩 변모되었다.

 그래서 조선조 숙종(肅宗) 때 이재(李縡)가 편찬한 『사례편람(四禮便覽)』에 적힌 그대로를 따르기 힘들어 갑오경장(甲午更張)을 전후하여 개화사상이 퍼지면서 관례는 그 의의를 잃어가다가 고종(高宗) 32년인 서기 1895년에 단발령(斷髮令)이 내린 후로는 관례가 사라지게 되었다.

 근래에는 약혼식(約婚式)이란 별도 의식이 생겨났으나 이것은 혼인에 앞서 행하는 의식이란 점에서 관례와 비슷하기도 하나 관례의 정신이나 사상은 오늘날의 약혼식과는 다르고 오히려 외국의 성년식(成年式)과 비슷한 것으로 볼 수 있다.

 관례와 제례의 의식이 없는 오늘날에는 성년(成年)이라고 일컫는 것은 민법상 만 20세가 된 사람을 말하고 있다.

 그래서 성년은 금치산자(禁治産者), 준금치산자(準禁

治產者)가 아니면 단독으로 법률 행위를 할 수 있는 행동의 능력을 인정하는 것이다.

 외국에는 성년식(成年式)이라 하여 성년이 되어 행하는 의식의 행사가 있기도 하고, 미개(未開)·후진(後進) 사회에서는 성년이 된 남녀에게 씨족(氏族)의 구성원으로서의, 또는 종교 단체의 일원으로서 가입하는 자격을 주기 위해 공공적인 훈련이나 행사를 하기도 한다.

 우리나라는 양력 4월 20일을 '성인'의 날로 정하고 간단한 행사도 하고 있다.

혼 례(婚禮)

1. 가정의례준칙상(家庭儀禮準則上)의 혼례

 현대에서는 처녀와 총각이 서로 사귀면 결혼하기 전에 약혼을 하기도 하고 약혼식이 없이 그냥 결혼식을 올리기도 한다. 약혼을 하게 될 때에는 약혼 당사자의 호적등본(戶籍謄本)과 건강진단서(健康診斷書), 그리고 다음과 같은 약혼서(約婚書:〈서식①〉)를 서로 교환하는 것으로써 마치고 별도의 약혼식은 거행하지 않는다. 또 술이나 음식을 준비하여 잔치는 하지 아니한다.
 혼례일(婚禮日)을 정하는데 좋은 날을 받기 위해 정성을 다하는 것은 신랑·신부의 행복을 빌어주는 의미에서는 좋다고 하겠으나 그렇다고 지나치게 거기에 의존하는 것은 미신이라 할 수 있다.
 혼례일은 한여름 더위와 한겨울의 큰 추위를 피하는 것이 좋고 따라서 여자의 생리일도 참작하여 양쪽이 다 편리할 수 있는 날을 의논하여 정하는 것이 좋겠다.
 식장(式場)은 보통 예식장을 이용하고 있으나 유명한 예식장이나 큰 호텔을 빌려 많은 돈을 들여 예식을 올리는 것보다는 마을이나 공공기관의 회관을 이용하는 것도 좋고, 종교적인 문제에 큰 제약을 받지 않는다면 교회나 사찰에 가서 예식을 올리는 것도 좋다.

〈하객에게 보낼 서식은 다음과 같다〉

[서식 ①]

약 혼 서		
구 분	남	여
본 적		
주 소		
성 명		
주민등록번호		
생 년 월 일		
호주 주소 성명		
위 두 사람은 다음과 같이 혼인할 것을 약속함. 1. 결혼 예정일 년 월 일 2. 기타 조건 　　　　　　　　　　　　　　　년 월 일 　　　　약혼자 남　　　　　　　인 　　　　　　　　여　　　　　　　인 　　　　입회인 남자측 주소 　　　　　　　　　　 성명　　　　인 　　　　　　　　여자측 주소 　　　　　　　　　　 성명　　　　인		

[서식 ②]

청첩장

○○○씨 장남 ○○군
○○○씨 이녀 ○○양
  위 두 사람의 혼례식을 다음과 같이 거행
하옵기에 왕림하시어 그 자리를 더욱 복되게
하여 주심을 바라나이다.
  때 : ○년 ○월 ○일 ○시
  곳 : ○동 ○회관 ○층
  주례 : ○○○선생
           청첩인   ○○○
                   ○○○
  동령부인 좌하

[서식 ③]

모시고자 하는 말씀

  ○○○군과 ○○○양이 ○년 ○월 ○일 ○○○
선생을 모신 자리에서 화촉을 밝히고 좋은 인연을
맺으려 하오니 바쁘신 중이오나 두 사람의 복을
빌어주시옵고 지도하여 주심을 삼가 바라옵니다.
           ○년 ○월 ○일
       청첩인   ○○○
               ○○○
  동령부인 좌하

물론 양쪽 가족이 원만한 의논을 하여 정하는 것이 좋고 예식장 사용료는 양편에서 절반씩 부담하는 것이 바람직하다.

주례(主禮)는 혼인 뒤에도 신혼 부부를 염두에 두고 지도를 해 줄 수 있는 은사나 지방의 잘 아는 지도급 인사면 충분하다. 구태여 전혀 알지도 못하는 사회의 저명 인사를 초빙하는 것은 허황된 생각에 지나지 않는다. 며칠이 지난 뒤 주례 자신이 누구의 주례를 섰는지도 모를 상태라면 무의미한 일이다.

주례를 부탁할 때에는 본인이나 부모가 직접 찾아가서 말을 해야 하고, 가능하다면 혼인 며칠 전쯤 신랑·신부가 함께 인사를 드리는 것도 바람직한 일이다.

혼인 반지는 영구불변(永久不變)을 의미하는 금(金)으로 하고, 반지 이면(裏面)에는 혼인 날짜와 신랑·신부 이름의 머릿글자를 새겨 넣기도 한다.

2. 혼인 기념일(婚姻記念日)

혼인 기념일의 명칭은 다음과 같다.
1주년 기념일-- 지혼식(紙婚式)
2주년 기념일-- 고혼식(藁婚式)
3주년 기념일-- 과혼식(菓婚式)
4주년 기념일-- 혁혼식(革婚式)
5주년 기념일-- 목혼식(木婚式)
7주년 기념일-- 화혼식(花婚式)

10주년 기념일-- 석혼식(錫婚式)
12주년 기념일-- 마혼식(麻婚式)
15주년 기념일-- 동혼식(銅婚式)
20주년 기념일-- 수정혼식(水晶婚式)
25주년 기념일-- 은혼식(銀婚式)
30주년 기념일-- 진주혼식(眞珠婚式)
35주년 기념일-- 산호혼식(珊瑚婚式)
40주년 기념일-- 녹옥혼식(綠玉婚式)
45주년 기념일-- 홍옥혼식(紅玉婚式)
50주년 기념일-- 금혼식(金婚式)
75주년 기념일-- 금강석혼식(金剛石婚式)

3. 혼례의 서식

가. 납 채(納采)

규수(閨秀)의 주혼자로부터 면약(面約:만나서 약속함)을 받으면 신랑 집에서는 신랑의 사주(四柱〈서식④⑤⑥〉)를 적은 사성(四星)을 편지와 함께 여자 집에 보낸다.

사성이란 여자 집에 보내기 위해 신랑의 사주를 쓴 것을 말하고, 사주란 생년월일과 시(時)를 간지(干支)로 나타낸 것을 말한다.

▶ 사성서식 ◀

[서식 ④]

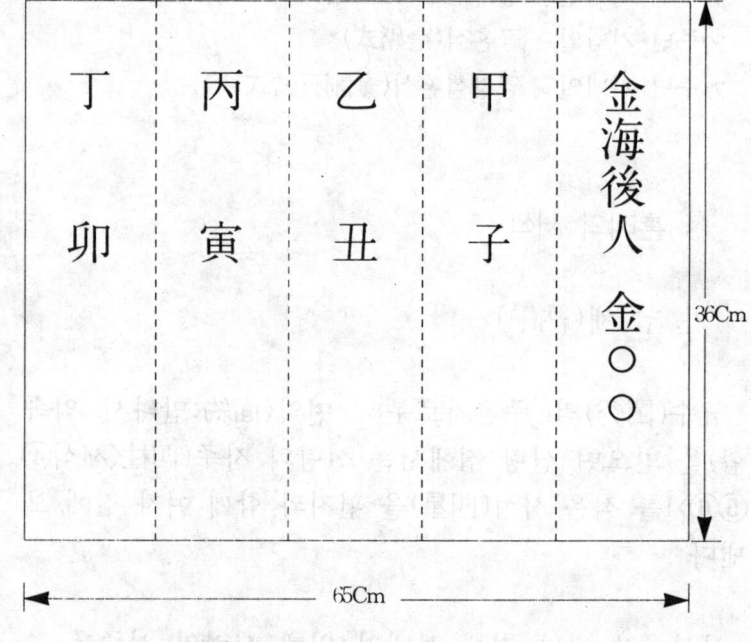

[서식 ⑤]

甲子 二月 八日 寅時生

※ 세로 36Cm 가로 85Cm의 창호지(지금의 화선지)에 5단(1단에 17Cm씩)으로 접어서 중앙에 신랑의 생년월일을 세로로 내려 쓴다.

118 한문입문(漢文入門)

▶ 사성봉투 ◀

[서식 ⑥]

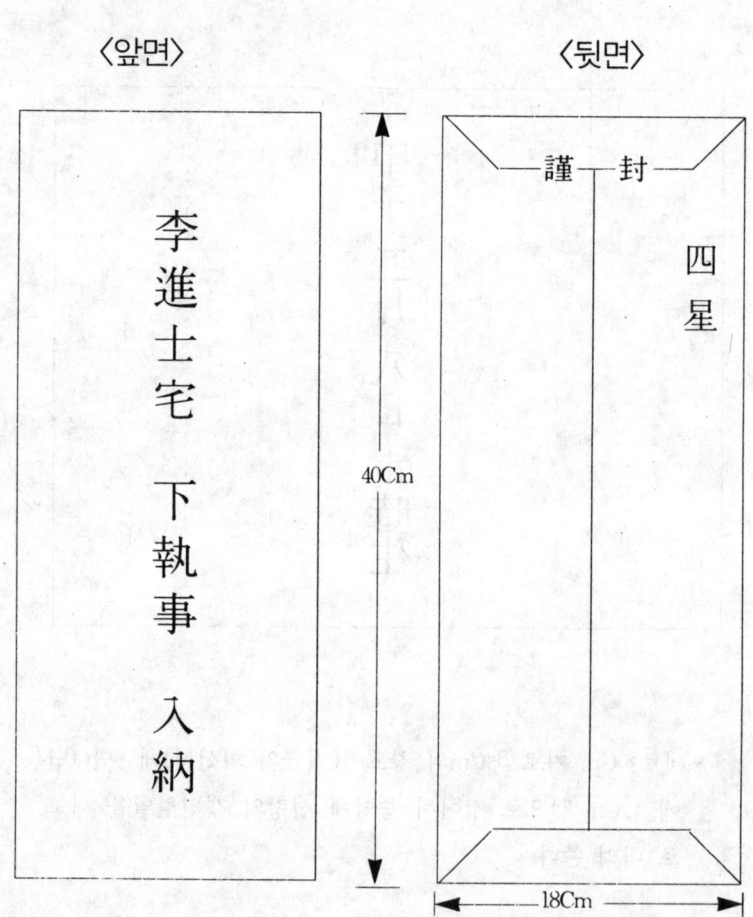

나. 납 폐(納幣)

혼례일 전날 신랑 집에서 혼서(婚書)와 혼수(婚需)를 함(函)에 넣어 규수 집에 보내는 것을 납폐라 한다.

납폐는 그 날의 길흉이나 형편에 따라 혼례일 며칠 전에 보내기도 하고, 또는 혼례일에 보내기도 한다.

혼서(婚書)는 가로 72Cm, 세로 36Cm의 백지나 간지를 세로로 아홉 칸으로 접어 양쪽으로 한 칸씩 여백을 남기고 가운데 일곱 칸에 쓴다.

이것을 흔히 혼서지(婚書紙)라고도 한다.
이 혼서를 붉은색 금전지를 네 귀퉁이에 단 검은 비단 겹보에 싸서, 근봉(謹封) 띠를 둘러 편지와 함께 함(函)에 넣는다. 그리고 그 함을 다홍색 보에 싸고 근봉을 끼운다.

그러나 때에 따라서는 별도의 함을 준비하지 않고 혼수를 넣는 함의 혼수(婚需) 위에 넣어 보내기도 한다.

▶ 혼서(婚書) 서식 ◀

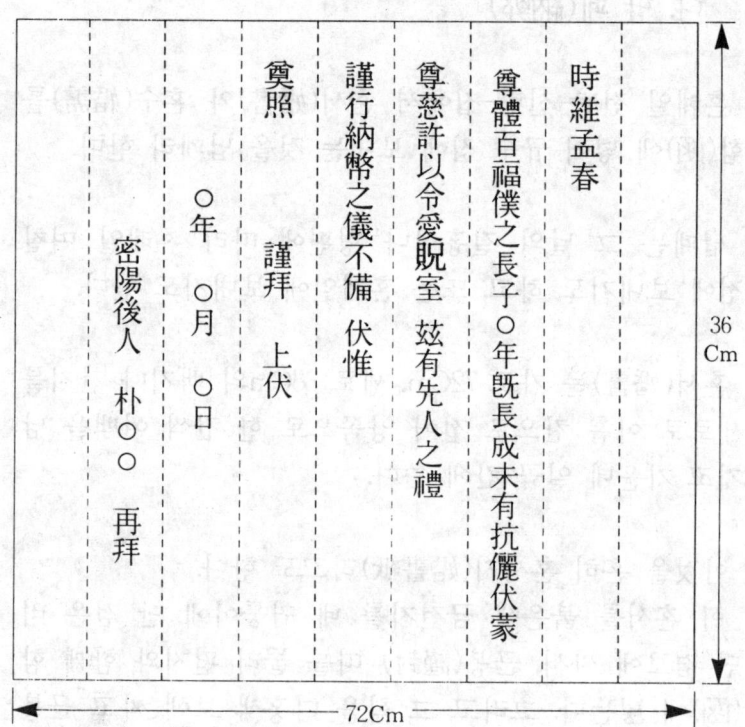

● 해설 : 맹춘지절에 존체 만복하신지요. 저의 아이 배필이 없던 바 사랑하심을 입사와 귀한 따님을 그의 배필로 주시오니, 이에 어른의 본에 따라 납폐의 예를 드리옵니다. 높이 살피 시옵소서.

신부는 이 혼서를 일생동안 농 깊이 간직하여 두고, 여자가 늙어 죽은 뒤에는 관(棺) 속에 넣는다.

상례(喪禮)

I. 오늘날의 상례(喪禮) : 가정의례준칙상의 상례

1. 장례 제식(葬禮祭式)

본래 장례의 의식은 우리 조상들의 관례가 있었다. 그것이 너무 번거롭고 복잡하며 또 각 지방에 따라 각각 조금씩 달랐다. 또한 각 종교마다 별도의 의식이 있다. 그러나 여기서는 가정의례준칙을 기준으로 하였다.

사람이 죽으면서부터 장례가 끝날 때까지의 제식(祭式)은 발인제(發靷祭)와 위령제(慰靈祭)만으로 하고, 그 이외의 노제(路祭)나 반우(返虞), 삼우(三虞)의 제(祭)는 행하지 않는다.

발인제는 영구(靈柩)가 상가(喪家)나 장례식장을 떠나기 전에 지낸다.

발인제의 식장에는 영구를 모시고, 명정(銘旌)을 세우고, 사진이나 위패(位牌)를 모시고, 촛대·향로·향합을 준비한다.

개식(開式)을 하면 상주들은 분향하고, 고인의 약력

소개에 이어 조객(弔客)들의 분향으로써 발인제는 끝난다.

위령제(慰靈祭)는 매장(埋葬)을 할 때 성분(成墳:묘의 봉분)이 끝나면 묘 앞을 혼령의 자리(靈座)로 하고, 간소한 제수를 차려놓고 분향을 하며, 술잔을 올리고 축문을 읽은 다음 절을 함으로써 끝난다.

화장(火葬)일 경우에는 유골함(遺骨函)을 혼령의 자리(靈座)로 하고, 묘 앞에서와 같은 위령제를 모신다.

2. 장례일(葬禮日)
부득이한 경우가 아니면 사망(死亡)한 날로부터 3일째 되는 날 장례를 치른다.

3. 상기(喪期)
부모(父母)와 조부모(祖父母), 그리고 배우자(配偶者)의 상기(喪期)는 사망한 날로부터 1백일까지로 하고, 그 이외는 장례일까지를 상기로 한다.

상기 중에는 신위를 모시는 궤연(几筵)을 설치하지 아니하고, 탈상(脫喪) 제사는 일반 기제사(忌祭祀)와 같이 제사를 모신다.

4. 상복(喪服)
한복(韓服)을 입을 때에는 흰색이나 검은색의 옷을 입고, 양복을 입을 때에는 검은색의 옷을 입으나 부득이 한 경우에는 일상 평상복(平常服)을 입는다.

별도의 상복은 마련하지 않으며 왼쪽 가슴에 상장(喪章)이나 흰색의 꽃을 단다.
 흰 옷이나 검은색 옷을 입는 기간은 장례일까지로 하고 왼쪽 가슴에 상장(喪章)을 다는 것은 탈상 때까지 한다.

5. 상제(喪制)

 고인의 배우자(配偶者)와 직계 비속(直系卑屬)을 상제(喪制)라 한다.
 주상(主喪)은 고인의 장자(長子)가 되며, 장자가 없을 때는 장손(長孫)이 주상이 된다.
 고인에게 자손이 없을 경우에는 가장 가까운 근친자(近親者)가 상례를 주관한다.

6. 운구(運柩)

 영구차(靈柩車)나 영구 수레로 관을 옮기고, 부득이한 경우에 한하여 상여(喪輿)를 쓸 수 있으나 상여에는 불필요하게 화려한 장식을 하지 않는 것이 좋다.
 관을 옮길 때의 행렬의 순서는 사진, 명정(銘旌), 영구(靈柩), 상제(喪制) 그리고 조객(弔客)의 순으로 한다.

7. 발상(發喪)

 정제수시(整齊收屍:시신을 입관하기 전에 염을 하는 것)가 끝나면 상제들은 옷을 갈아 입는다. 평소에 입던 옷을 벗고 흰색이나 검은색으로 검소하게 입는다. 그리고 반지나 목걸이, 머리의 장식물을 벗는다.

옷을 갈아 입고 나서 곡을 한다.
 곡(哭)이란 울음이 아니다. 울음은 발상(發喪)에서 우는 것이 아니고, 장례가 끝나고 친척들도 다 돌아간 뒤 홀로 남았을 때 나오는 것이다.
 발상(發喪)이란 초상이 났음을 외부에 알리는 것이다.
 상가에 들어가는 입구에는 가로 세로 40Cm 정도의 백지에 먹물로 '상가' '忌中' '喪中'이라 쓰고, 먹물로 둘레를 그려 조객들이 상가를 쉽게 찾을 수 있게 표시를 한다.

 마당에 차일(遮日)을 치는 것도 상가임을 알리는 한 방법이다.
 옛날과 같이 'ㅇㅇㅇ복, 복, 복'하며 초혼(招魂)을 하는 것이나, 망인의 옷을 지붕 위에 올리는 것은 별 의의가 없을 뿐 아니라 남에게 혐오감을 줄 염려도 있으므로 삼가하는 것이 좋다.

  8. 전(奠)과 영정(影幀)
 시신을 가린 병풍 앞이나 방 밖의 마루에 탁자를 놓

고, 망인의 사진을 검은색 틀에 넣고 검은색 리본을 달아 탁자 위에 모셔 놓는다.

영정(影幀) 앞에 전(奠)을 올린다.

전으로 올릴 것은 술과 삼색 과일이다.

전을 올린 탁자 앞에는 향안(香案)을 놓는다. 격식에 맞는 좋은 향로가 아니더라도 향불이 그치지 않게 해야 하며 날이 어두우면 촛불을 밝히고 꺼지지 않게 한다.

소렴을 할 때 망인의 입에 쌀과 돈을 넣는 것은 꼭 지켜야 할 만한 일은 아니다.

소렴금으로 덮을 때 입관할 시간이 길면 만일을 생각하여 베로 발목, 무릎, 허벅다리, 두 손을 모은 허리와 배, 두 팔과 함께 가슴 부위를 묶는 것이 좋다. 시신이 뒤틀리면 입관할 때 어렵기 때문이다.

소렴이 끝나 시신을 칠성판에 모실 경우에 칠성판은 마른 판자를 사용해야 한다.

관은 잘 마른 판자로 만들어야 하며, 시신의 몸집과 키에 알맞게 해야 한다. 관이 시신보다 너무 커서 공간이 많이 생기는 것은 정성들여 모신 시신이 움직이기 때문에 좋지 않다.

관(棺)에 쓰이는 나무로는 삼(杉)·잣(栢)·은행(銀杏)나무 등을 들 수 있으나 소나무가 가장 적당하다.

시신을 관에 모실 때에는 관 바닥에 지금(地衾:이불)을 깔고, 시신의 머리를 괴는 베개는 잘 마른 짚을 삼베로 싸서 쓴다. 대렴금(大殮衾)은 별도로 만들 필요는 없고 천금(天衾)으로 덮는다.

지금(地衾)은 노란색이나 파란색 인조견과 삼베나 무명베 두 겹으로 만들고, 천금(天衾)은 빨간색 인조견과 삼베로 만든다.

관에 모신 다음 시신과 관 사이의 공간을 채울 때는 될수 있는 한 망인의 옷 가운데서 삼베나 무명 또는 인조견으로 된 것만을 가려서 넣어야 한다.

9. 영좌(靈座)

입관이 끝나면 병풍으로 가린 다음 빈소(殯所)에나 빈소 가까운 대청 또는 마루에 영좌(靈座)를 설치한다.

교의에 영정(影幀)을 모시고 제상을 놓고 그 앞에 향안(香案)을 놓는다. 명정(銘旌)을 영좌 오른편으로 병풍에 걸거나 벽에 건다.

學生全州李公之柩

孺人金海金氏之柩

상제는 영좌 앞 오른쪽, 손님의 위치에서는 영좌 왼쪽에 자리를 한다.

명정은 진분홍색 비단 한 폭, 길이 일곱 자로 아교에 흰 분(粉)을 섞어 쓰거나 먹으로 쓴다.

망인이 관직(官職)이 있으면, '학생', '유인' 대신에 관직명을 쓰고, 관직이 아니더라도 박사(博士), 교수(敎授), 문인(文人), 변호사(辯護士) 등은 그대로 쓴다.

〈아버님의 경우〉

顯考學生府君神位

아버님신위

〈어머님의 경우〉

| 顯妣孺人全州李氏神位 | 어머님신위 |

 이 때 망인의 유명한 호(號)가 있으면 '학생' 대신 호를 쓰기도 한다.
 명정은 관 위에도 쓴다. 이를 관상명정 또는 관명정이라 한다.
 영정을 모시면서도 지방을 쓰기도 한다.

10. 성복(成服)과 성복제(成服祭)

입관이 끝나면 상제들은 상복 차림을 한다.

이는 특별한 차림을 하라는 뜻이 아니라 입관 때까지는 복장을 단정하게 하지 못하였다 하더라도 입관이 끝나면 복장을 단정히 하라는 말이다.

남자가 양복을 입을 경우에는 검은색 양복에 흰 와이셔츠, 무늬가 없는 검은색 넥타이를 맨다.

형편이 닿지 않을 경우에는 회색 양복을 입으나 밤색은 피하는 것이 좋고, 와이셔츠와 넥타이만은 흰색과 검은색이라야 한다.

한복을 입을 경우에는 바지나 저고리가 흰색이나 회색으로 하며, 무늬가 있는 것이나 비단으로 된 것은 입어서는 안된다. 두루마기는 흰색이나 검은색도 무방하나 모직으로 된 것은 가급적 피하는 것이 좋다.

형편이 가능하면 빨지 않은 광목으로 두루마기(옛날의 직령)와 바지를 지어 입는 것도 좋다.

굴건은 없지만 두건(頭巾)은 삼베나 광목으로 만들어 장례 때까지와 탈상 제사 때에 쓴다.

두루마기와 두건을 지어 쓸 수 없을 때에는 상장(喪章)을 왼쪽 가슴에 단다. 상장은 마포나 광목으로 가로 7Cm, 세로 3Cm되게 접어 나비 모양으로 만든다.

여자는 흰 치마·저고리 차림을 하고, 이때 주의해야 할 것은 속옷도 흰 색으로 갖춰 입는 것이다. 검은색 치마·저고리 차림도 무방하다. 양복은 검은색이 좋으며, 이 때 양말과 구두의 색에 유의해야 한다.

▶ 상 장 ◀

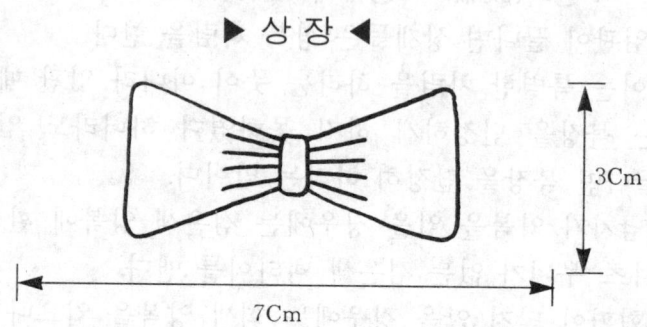

여자 상제들이 옷을 새로 지어 입을 때는 광목으로 하기가 싫으면 옥양목으로 하는 것이 좋다. 좋은 비단으로 지어 입는 것은 상복이 아닌 사치품이라 상기(喪期)가 끝난 다음에 입어야 한다.

장례 때까지 광목으로 수건을 만들어 쓰기도 하고, 상장(喪章)과 같이 만들어 핀으로 머리에 붙이기도 한다.

상복 차림이 끝나면 제수(祭需)를 갖추어 성복제(成服祭)를 모신다.

제수로는 메, 국, 떡, 고기, 생선, 김치, 간장, 나물, 과일 등이다.

제상에 진설이 끝나면 향을 피우고 곡을 하며 재배(再拜)하고 술잔을 올리고 나서 메에 수저를 꽂고, 젓가락을 고기나 생선 위에 올려 놓고 재배(再拜)한다.

흔히 성복제와 발인제를 혼동하여 성복제는 생략하고 발인제를 지내기도 하나, 시신을 관에 모시고 상복 차림을 한 이상 제수를 다 갖출 수 없다 하여도 다만 몇 가지만이라도 진설하고 술을 올리는 것이 예의에 마땅하다.
 밤, 대추, 곶감을 20Cm나 30Cm로 높이 치장하여 쌓을 필요는 없고, 제기(祭器)에 알맞게 정성들여 담는 것이 좋다.
 입관 전에는 전(奠)을 올리지만 입관 뒤에는 아침·저녁 끼니에 상식을 올린다. 메, 국, 적, 반찬 등 밥상차림으로 한다.
 상식상을 영좌 앞에 놓고, 상제는 곡을 하며 재배한다.
 옛날의 예법을 그대로 따르지 않고 모든 것을 간소화한다 하여 상식을 소홀히 하는 것은 예의에 어긋나는 일이다.
 입관한 뒤에 상식을 올리는 것이라 3일장이면 두 끼니이고 4일장이면 네 끼니이니, 망인으로는 마지막 끼니라는 생각에서 정성을 기울여야 한다.
 발인제보다 더 중요시해야 할 것이다. 만일 망인이 평소에 술을 즐기셨다면 상식 상에도 술을 올리는 것이 좋다.

11. 호상(護喪)

 발상(發喪)과 아울러 장례 일체를 주관하고 지휘할 만한 친척이나 친구를 택하여 호상(護喪)을 정한다.
 호상이 상제와 의논하면서 장례 절차를 차려야 한다.
 호상은 상제 가까운 곳에 호상소를 설치하고, 일을 할 만한 사람을 시켜 조상하는 손님들의 방명(芳名)을 조객록(弔客錄)에 기록하고 부의 금품(賻儀金品)을 부의록(賻儀錄)에 기록한다.
　호상은 치상(治喪)의 예산을 세우고, 상제의 친척과 친지에게 연락을 하며 장례 계획을 세운다.

　12. 부고(訃告)
　신문의 광고란을 통하여 부고를 내는 경우라도 그 신문을 보지 못하는 경우를 참작하여 꼭 기별을 해야 할 곳에는 서신(書信)으로나 사람을 시켜 초상이 났음을 알려야 한다.
　특별히 친근하지 않은 곳에 부고를 내는 것은 삼가해야 하나, 친척이나 장례에 참석하지 못하여 섭섭히 생각할 만한 곳에는 알리는 것이 상제의 도리이다.
　조상은 상제를 위로하는 것만이 아니라 망인과의 작별 인사이므로, 부고도 상제만을 중심으로 하여 낼 것이 아니라 망인의 위치에서도 낼 곳을 생각해야 한다.
　서신으로 부고를 할 때에도 서신을 보내는 사람의 이름은 호상으로 하며, 그 서신을 받는 사람이 알 수 있는 상제의 이름을 하나나 둘 쓴다. 다 알지도 못하는 손자나 조카까지 나열할 필요는 없다.
　부고를 신문에 낼 경우 부인과 남편의 이름, 아들과 딸, 사위의 이름을 다 쓰는 것은 좋으나 나이가 어린 손자, 외손자, 조카의 이름까지 쓸 필요는 없고, 망인이나 상제의 직위를 나타내는 것은 예의가 아니라 하겠다.

〈부고의 서식은 대개 다음과 같다.〉

```
                    訃
                    告
    護  葬 發         嗣
    喪  地 靷   婿 次 孫 子   ○○大人金海金公以老患不幸於
                             ○月○日○時別世玆以專人告訃
    ○  ○ ○
    ○  洞 月   ○ ○ ○ ○
    ○  東 日   ○ ○ ○ ○
       麓 時   ○ ○ ○ ○
       先
       塋
       下
```

○○의 아버님 ○○○씨께서 노환으로 ○월 ○일 작고하셨습니다. ○년 ○월 ○일, ○군 ○면 ○리(선영)로 장례를 모시겠습니다.

　　　　　　아들　○○
　　　　　　　　　○○

　　○년 ○월 ○일
　　　　　호상　○○○드림

13. 장지(葬地)

 자손으로서는 부모가 돌아가시기 전에 장지에 대해 미리 생각해야 한다.

 매장을 하지 않고 화장을 하는 경우에도 유골을 봉안하려면 장지는 있어야 한다. 그러나 마땅한 장지가 없을 때에는 납골관(納骨館)에 모신다.

 장지는 공동 묘지나 공원 묘지를 사용할 수 있고, 선산이 있으면 선영 아래를 택한다.

14. 발인(發靷) 및 성분(成墳)

 장례일(葬禮日)이 되어 발인(發靷)을 하려면 발인제(發靷祭)를 모신다.

 망인이 집을 떠나는 때에 드리는 제사이므로 이것을 견전례(遣奠禮)라고도 한다.

 영좌 앞 제상에 제수를 갖추어 진설한 다음 상제가 분향하고, 차례대로 술잔을 올리고 곡을 하며 재배한다.

 이 때는 장례에 참석한 친척은 누구나 잔을 올릴 수 있고, 가까운 친지도 잔을 올려 석별(惜別)의 정을 나눈다.

 집안에서 발인제를 모시고, 영결식(永訣式)을 하게 될 경우에는 영결식장으로 운구(運柩)한다.

 영결식은 사회자가 있어, 대개 다음과 같은 순서로 진행한다.

① 개식사(開式辭)
② 망인의 약력 보고
③ 조사(弔辭)
④ 조가(弔歌)
⑤ 유가족과 조객의 분향
⑥ 폐식사(閉式辭)

 경우에 따라서는 집에서 발인제를 지내지 않고 영결식으로써 발인제를 대신하기도 한다.
 발인이 끝나면 영구(靈柩)를 상여(喪輿)나 장의차에 모시고 장지(葬地)나 화장장으로 출발한다.
 상여로 운구할 경우 장례 행렬은 다음과 같은 순서로 한다.
 명정(銘旌)이 앞서고, 공포(功布), 만장(輓章), 영정(影幀), 상여(喪輿) 상제(喪制), 친척과 조객의 순서이다.
 장지나 화장장에 도착한 뒤 그곳에서 조객을 맞을 경우에는 영구 앞에 향안(香案)을 놓고 조객을 맞는다.
 장지에서는 영구가 도착하기 전에 천광(穿壙) 일을 한다.
 일을 시작하기 전에 삼색 과일과 술로 산신제를 모시는 것도 무방한 일이다.
 천광 일을 하면서 한두 사람은 떼를 준비하는데, 잔디는 좋은 것으로 준비하여 봉분에 입혀야 한다.
 하관을 할 때에는 가풍(家風)에 따라 관을 빼고 시신

만을 광중에 모시기도 하나, 일반적으로는 절관 끈과 관을 싼 종이나 베를 벗긴 다음 관째 광중에 모신다.
 석관(石棺)을 쓸 경우에는 광중에 사방판(四方板)을 세운 다음 관을 열고 시신을 보여 석관 사방판 안에 모신 다음 천개(天盖) 돌을 올려 놓는다.
 관 위에 명정을 편다.
 평토(平土)가 되고 상제가 집으로 돌아갈 경우에 평토제(平土祭)를 모신다.
 제수는 고루 갖추지 못하여도 메, 국, 반찬, 과일 그리고 술을 올린다.
 평토제가 끝나고 상제가 집으로 돌아갈 경우에는 친척이라도 몇 사람 남아 있어 성분하는 것을 지켜보아야 한다.
 성분제를 모신다. 망인을 홀로 계시라 남겨두고 돌아가는 길이니 간단하나마 제수를 올리고 잔을 올려야 한다. 성분제를 모실 때에는 평토제는 생략한다.

15. 상가(喪家)의 준비 사항
 발상(發喪)과 아울러 장례에 쓸 집기와 의복 이외의 세간은 정리를 하고, 일을 도와줄 분들이 때때로 쉴 수 있는 방을 비워 두어야 한다.
 손님을 안내하고 대접하며, 전송하는 것은 호상소에서 한다.
 조객에게는 차나 음료수를 대접한다.
 먼 거리에서 온 분에게 끼니가 되면 식사를 대접한다.

상제를 위로하기 위하여 머물러 있는 손님과 밤샘을 하는 손님에게는 지루하고 지치지 않게 간단한 음식과 술을 대접한다.
 손님을 대접하는 차와 음식은 호상소에서 준비할 수 없는 일이므로 부인들이 세밀한 계획을 세워야 한다.
 전(奠), 상식(上食), 성복제(成服祭), 발인제(發靷祭)에 쓸 제수(祭需)는 예로부터의 풍습이나 격식에 따라 가지 수를 많이 할 것이 아니라 망인이 특히 즐겨하였던 것 한두 가지와 고기, 생선, 채소, 과일 등 기본적인 것으로 충분하다.

16. 장례(葬禮)의 뒷처리

 마루나 건너방의 정결한 자리에 영정(影幀)을 모신다.
 옛날과 같이 삼면을 짚으로 엮어 두르고 만장을 늘어뜨리는 궤연(几筵)을 만들 필요는 없다.
 그러나 영정을 모시고, 영정 옆에 지방을 붙이며, 영정 앞에 향안을 놓는 정도는 해야 한다.
 아침과 저녁에 상식(上食)을 올리고 곡을 하며 재배를 하는 것은 상제가 알아서 할 일이다.
 곡을 하고 재배를 하며, 영정 앞을 떠나지 않는 것 자체가 효도는 아니고 설령 효도라 하여도 망인에게 아무 필요가 없는 일이기는 하지만 자식으로서의 마음가짐이 문제인 것이다.

 장례가 끝나면 정신이 수습되는 대로 호상소에서 일

을 도와준 분, 망인의 병환을 치료해 준 분, 밤샘을 해 준 분을 찾아가 인사를 하는 것이 좋고, 조객에게는 고맙다는 인사 말씀을 우편을 이용하여 보내드리는 것이 필요한 일이다.

　조객록(弔客錄)이나 조위록(弔慰錄) 그리고 부의록(賻儀錄)을 정리하여 둔다. 세월이 흐른 뒤에는 좋은 추억의 자료가 될 수 있기 때문이다.

　　[서식]

인사말씀

　　이번 아버님 장례에 여러 모로 도와주시고 후한 부의를 해 주셔서 찾아 뵈옵고 인사를 드려야 도리이오나 우선 몇 자 글로써 충심으로 감사 말씀을 드리옵니다.
　　너그러이 살펴 주옵소서.
　　　　　　　　○년 ○월 ○일
　　　　　　　　　　○○○올림

17. 삼우(三虞)

 성분을 하고 집에 돌아오면 영정 앞에 과일과 한두 가지 제수에 술을 올리고 재배한다.
 이 때 묵도를 해도 좋고 곡을 하기도 한다. 옛날의 반혼(返魂)의 의미보다는 이제까지 계시던 망인의 방을 둘러보고 허전한 마음에서 다시 한번 명복(冥福)을 빌어드린다.
 형편이 허락하는 대로 며칠이나마 아침 저녁으로 상식을 하는 것은 상제의 정성이다.
 장례를 치른 3일째 되는 날 제수를 올리고 분향하고 곡을 하며 재배한다. 그리고 떠나야 할 가족과 함께 묘소나 납골관에 찾아가 뵙는다.
 묘소에 갈 때에는 집에서 먼저 사용한 과일이 아닌 새 과일과 술을 가지고 가는 것도 무방하다.
 묘소를 살펴 보고 봉분이나 주변에 일이 남아 있으면 아주 손을 보며 떼를 한 장이라도 잘 놓아야 한다.

18. 사십구제·졸곡·백일제

 사십구제는 돌아가신 지 49일째 되는 날, 망인이 생전에 자주 찾았던 절이나 숭배하던 스님이 있는 절에 가서 망인의 영혼이 극락정토(極樂淨土)로 가시기를 바라는 마음에서 드리는 제사 의식이다.
 일반적으로 집에서 모시는 제사가 아니며 누구나 다 모시는 것도 아니다. 망인이 소원했거나 불교를 신봉했었다면 의당 모셔드려야 할 것이다.
 예식의 절차는 절에 가서 스님에게 일임하는 것이 좋다. 불교를 신봉하는 신도가 아니더라도 상제의 마음이 있다면 옛날과 같이 아침·저녁으로 상식, 곡, 재배를 제대로 다 못 드리는 것을 감안하여 망인의 명복을 빌어드리는 것도 좋은 일이다.
 그러나 절에 갈 수 없는 처지라면 가족끼리 집에서도 가능한 일이며, 가족 가운데 누구 한 사람만이라도 묘소에 다녀오는 것도 의의가 있는 일이다.
 졸곡(卒哭)은 돌아가신 지 석 달째 날을 받아 모시는 것이다. 그러므로 보통 70일 내지 80일경에 모시게 되는데 제수를 다 준비할 수가 없다면 한두 가지라도 마련하여 상식상(上食床)에 겸하여 올리고 곡하고 재배를 하는 것도 무방하다.
 백일제를 모시게 될 경우에는 졸곡을 생략하고 돌아가신 지 백 일째 되는 날 백일제와 함께 겸하여 모시기도 한다. 백일제(百日祭)는 보통 절에 가서 모시는 것이나 때로는 집에서도 모신다.
 가정 의례 준칙(家庭儀禮準則)에는 백 일째 되는 날 복을 벗는다.
 가가례(家家禮)라 하여 집안에 따라 상례와 제례가 다르고, 사람에 따라 처지와 형편이 다르므로 어느 것이 옳고 그르다고 하기보다는 각자의 생각과 형편에 따라 정해야 한다.
 백 일되는 날 복을 벗지 않는 사람이라도 절에 가서

망인에게 천도(薦度)를 하여 드리는 것도 좋고, 집에서 제수를 올리고 명복을 빌어드리는 것도 좋은 일이다. 그리고 성묘를 가는 것도 좋다.

옛날에는 한식(寒食)·단오(端午)·추석(秋夕) 그리고 시월 초하룻날은 성묘를 드리는 것으로 된 것을 보면, 성묘란 제의(祭儀) 못지 않게 정성이 수반되는 것인지도 모른다.

성묘를 갈 때마다 술과 과일을 가지고 갈 형편이 아니더라도 졸곡(卒哭)이나 백일제(百日祭)에는 간단하게라도 가지고 가서 올리는 것이 좋다.

19. 소상(小祥)·대상(大祥)

돌아가신 지 만 1년이 되는 기일(忌日)에 대상을 모시려면 10개월째 되는 달에 날을 받아 소상(小祥)을 모시고, 첫 기일에 소상을 모시면 만 2년이 되는 기일에 대상(大祥)을 모신다.

옛날에는 대상을 지낸 뒤 담제(禫祭)를 모시고 복을 벗었으나 일반적으로 최근에는 대상 때 복을 벗는다. 일부에서는 백 일째 되는 날 복을 벗기도 한다. 이는 사회 생활을 하는데 있어 검은 양복에 검은색 넥타이나 흰 옷을 오래도록 입을 수 없는 사회적인 제약 때문이라 하겠다. 그러나 화려한 빛깔이나 무늬가 있는 넥타이가 아니면 검소한 색깔의 일상적인 옷에 상장(喪章)을 달고 1년을 보내는 것도 좋으며, 여자도 상복 차림으로 활동하기가 어려우면 화려한 옷만은 삼가하고 검소한 차림으로 1년을 지내는 것도 무방하다.
 예로부터 심상 3년(心喪三年)의 예(禮)가 있는 것을 보면, 상제(喪制)는 고인(故人)을 애도하고 추모하는 마음이 중요함을 알 수 있다.
 상복(喪服)이란 상제(喪制)임을 나타내기 위한 복식(服飾)이 아니라 애통(哀痛)해 하는 마음에 겉모양을 아름답게 꾸밀 수 없기에 가장 검소한 복장을 하기 위한 의복(衣服)이다.
 그러므로 상복 차림을 하고 절제(節制)없는 생활을 하는 것보다는 가장 검소한 복장을 하고 마음으로 복을 빌어 1년이나 2년 동안 일상생활을 영위하는 것이 바람직한 일이다.
 그런 의미에서 돌아가신 지 1년이 되는 첫 기일(忌日)에 소상을 모시고, 2년째 되는 기일에 가족과 가까운 친척이 모여 대상(大祥)을 모시는 것도 좋은 일이다.
 소상과 대상의 제사 의식은 일반 기제(忌祭)와 다름없이 영정이나 지방을 모시고, 제수를 진설하고, 상주(喪主)가 분향하고, 강신(降神)한 다음 차례대로 술잔을 올리고 곡을 하며 재배한다.
 축은 오늘날 통용되는 축문(祝文) 서식(書式)이 없으므로 옛날 축문 서식에 따라 쓰기도 하고,

※어느덧 1년이 지나 첫 기일이 되어
※슬픈 마음 가눌 수 없다는 것,
※아버이 생전에 효도를 못하고

※가르치심을 행하지 못하여 더욱 가슴에 맺힌다는 것,
※그러나 앞으로는 어버이의 가르치심을 명심하고 더욱 열심히 노력하겠다는 다짐을 드리고,
※약소(略少)하나마 제수를 올리오니
※흠향(歆饗)하십시오

하는 내용의 말씀을 고한다.
 축은 첫 술잔을 올리고 상주(喪主)나 다른 상제(喪制)가 읽는다.
 술잔을 다 올리고 바로 물을 올리면 사신(辭神)을 하고 철상(撤床)을 하는 것보다 가족과 친척들이 제상 앞에 둘러앉아 고인을 추모하면서 생전의 일들을 이야기하는 것이 바람직한 일이다.
 몇 가지 제수를 놓고 절을 하는 것이 제사의 전부가 아니다. 제사의 의의는 고인을 추모하는 것이므로 잊혀져가는 일들을 이야기하여 새롭게 그 뜻을 되새겨 보는 것이 참다운 제사가 아닌가 한다.

20. 조객(弔客)의 예의(禮儀)
 조상(弔喪)을 갈 때에는 먼저 복장(服裝)에 유의해야 한다.
 한복이나 검은 양복으로 정장은 다 못한다 하여도 무늬나 빛깔이 요란한 옷은 피해야 하고, 여자는 화장을 짙게 하지 않는 것이 예의이다. 스웨터 차림이나 집안에서 입는 옷차림은 삼가해야 한다. 그리고 오버나 코

트는 대문 밖에서 벗고 들어가야 한다.
 빈소(殯所)에 가면 먼저 상제(喪制)에게 목례(目禮)를 한 다음, 영정 앞에 무릎을 꿇고 앉아 분향을 한다.
 향나무를 깎은 나무 향이면 왼손을 오른 손목에 받히고 오른손 엄지와 검지로 향을 집어 향로 불 위에 가만히 놓고, 만수향과 같이 만들어진 향이면 하나나 둘을 집어 성냥불이나 촛불에 붙인 다음 불꽃을 입으로 불거나 손을 흔들어 끄지 말고 왼손 손가락으로 가만히 잡아서 끈 다음 두 손으로 향로에 꽂는다. 그리고 일어나 영정에 재배하고 한 걸음 물러서서 상제에게 절을 하며, 인사말을 한다.

　가. 상제의 부모인 경우
"상사에 얼마나 애통하십니까."
"친환으로 그토록 초민하시더니, 이렇게 상을 당하셔서 얼마나 망극하십니까."
"환중이시라는 소식을 듣고도 찾아 뵙지 못하여 죄송하기 한이 없습니다."
"그토록 효성을 다 하셨는데 춘추가 높으셔서인지 회춘을 못하시고 일을 당하셔서서 더욱 애통하시겠습니다."

　나. 상제의 아내인 경우
"위로할 말씀이 없습니다."
"옛말에 고분지통(叩盆之痛)이라 했는데, 얼마나 섭섭하십니까."

다. 상제의 남편인 경우
"상사에 어떻게 말씀 여쭐지 모르겠습니다."
"하늘이 무너진다는 말씀이 있는데(天崩之痛) 얼마나 애통하십니까."

라. 상제의 형제인 경우
"백씨 상을 당하셔서서 얼마나 비감하십니까."
"할반지통(割半之痛)이 오죽하시겠습니까."

마. 아들이 죽었을 때 그 부모에게
"얼마나 상심하십니까."
"참척(慘慽)을 보셔서 얼마나 마음이 아프십니까."

 조객의 집안 풍습이나 신봉하는 종교가 다르더라도 조상을 갔으면 상가의 풍습에 따라 행하는 것이 예의이다. 그러나 상가의 특수한 풍습을 모를 때에는 사회 일반적인 풍습대로 할 수밖에 없다.
 조상을 갈 때에는 될 수 있는 한 끼니 때를 피하는 것이 좋다.
 상가의 일을 도와줄 처지가 아니면 정제수시(整齊收屍)가 끝나 발상(發喪)을 한 뒤가 좋고, 허물을 차릴 처지라면 염이 끝난 다음에 가는 것이 좋다.
 부의(賻儀)를 할 때에는 돈을 깨끗한 종이에 싸서 단자(單子)를 써서 함께 봉투에 넣는다. 단자를 쓴 종이에라도 돈은 싸서 넣는 것이 예의이다.

 글씨는 먹물로 쓰는 붓글씨가 아니라도 검은색 잉크나 검은색 볼펜으로 쓰는 것이 좋다.

 봉투 앞면에는 '賻儀' '香奠' 'O喪制 護喪所'라고도 쓴다.

 주소와 성명을 쓴 단자(單子)를 쓰지 않았을 경우에 한해 봉투 뒷면에 주소·성명을 쓰고, 단자를 넣었으면 주소·성명을 쓰지 않는다.

▶ 단자서식 ◀

```
        香         單
        燭
   일   代
   금
   년           
        ○
   ○   월  ○
   ○       원        子
   ○   일  정
   謹
   賻
```

```
        賻
        儀
   금
   년
   ○   월  ○
   ○       ○
   ○   일  원
        정
   上
```

제5권 관혼상제(冠婚喪祭) 147

　조상을 갈 수 없는 형편이나 먼 거리에서는 조전(弔電)을 친다. 조위 전보는 장례 전에 도착할 수 있게 보내는 것이 좋다.
　조전과 함께 부의금을 전신환으로 보낼 수도 있다.
　불가피한 사정으로 조위 전보를 쳤을 경우에는 바로 이어 조위(弔慰) 편지를 보내는 것이 예의이다.

▶ 부의봉투 ◀

謹

弔

조상을 가지 못하고 인편(人便)에 부의금을 보낼 때에는 조위 편지를 함께 보내는 것이 예의이다.

돈만을 보내는 것은 차라리 보내지 않는 것만 못하다.

이웃이나 가까운 친지가 상을 당했을 때에는 밤샘(철야)을 하는데 필요한 죽이나 많이 필요한 과일을 보내는 것도 상가에 큰 도움이 된다.

망인이 평소 숭배하는 분일 경우에는 조문(弔文)을 써 가지고 가서 영정 앞에 놓아드리는 것도 좋다.

꽃을 가지고 갈 때에는 흰색이나 노란색으로, 꽃을 조그마한 바구니에 담아들고 가서 그대로 영정 옆에 놓는다.

너무 크게 만든 화환(花環)은 보내지 않는 것이 좋고, 또 조화(造花)는 금물이다.

상제를 위로하는 일로서는 철야하는 것과 장지나 화장장에 같이 가는 것이 가장 좋은 일이다.

밤을 새울 때는 밤이 깊고 조객이 더 오지 않을 만한 시간이 되면 상제에게 잠깐이라도 쉬도록 권한다.

상제가 쉴 동안에는 상제를 대신하여 빈소를 지켜주며 촛불과 향불이 꺼지지 않도록 세심한 배려를 해야 한다.

밤을 새울 때 상제가 권하는 술은 한두 잔 먹을 수 있으나 술이 취하여 거동이 흐트러지는 것은 예의에 크게 어긋나는 일이다.

망인이 여만하여 돌아가셨을 때 일반에서는 흔히 호상(好喪)이라 하여 웃고 떠드는 일이 있으나 호상(好喪)이란 있을 수 없는 것이다.

이웃이나 가까운 친지 사이에는 장례가 끝난 뒤에도 상제를 찾아가 위로하여 주는 것은 참다운 조위(弔慰)가 된다.

또한 상제가 외로운 처지라면 가끔 전화를 하거나 편지를 보내 상제의 고독과 슬픔을 위로하여 주는 것은 더욱 좋은 일이라 하겠다

상을 당하여 장례를 치르는 동안 상제의 하는 일이 많이 밀려 복잡한 경우에는 거들어 주는 것도 위로가 된다.

21. 상사시(喪事時) 축문

가. 축문(祝文) 서식

묘지의 일을 시작하기 전에 산에서는 사토제(祠土祭)를 지낸다.

維歲次○○ ○月朔 ○日○○ 敢昭告于
土地之神 今爲 ○○○公 營建宅兆
神其保佑 俾無後艱
謹以淸酌脯醢 祇薦于神 尙
饗

술을 올린 다음 축관이 견전축(遣奠祝)을 읽어 고한다.

靈輀旣駕 往卽幽宅 載陳遣禮 永訣終天
● 해설 : 영혼께서 이제 상여를 타시고 유택으로 가시게 되어 전을 올리고 이승을 마치심을 고하나이다.

광 왼편에서 후토씨(토지신)께 전을 올리고 축문을 읽어 고한다.

維歲次○○ ○月○○朔 ○日○○ 幼學○○ 敢昭告于
土地之神 今爲 ○○○公 窆玆幽宅
神其保佑 俾無後艱
謹以淸酌脯醢 祗薦于神 尙
饗

토지지신에게 올리는 전이 끝남과 동시에, 광(壙) 남쪽 가까운 곳을 파고 지석(誌石)을 묻는다.

신주(神主)의 서식은 다음과 같다.

「顯考學生府君 神主」
「顯考司憲府持平府君 神主」
「顯妣 孺人全州李氏 神主」

아내는 망실(亡室)이라 하고, 서자(庶子)의 어머니는 망모(亡母)라 한다.

망인이 상주의 손아래일 경우는 현(顯)을 쓰지 않고 대신 망(亡)을 쓰고 망인이 남자라도 부군(府君)은 쓰지 않는다.

신주를 다 쓰면 신주를 받들어 영좌에 모시고 혼백은 상자에 담는다. 평토가 되면 평토제(平土祭)를 모신다.

전을 올리고 상주 이하 복인(服人)이 무릎을 꿇고 앉으면 축관이 축을 읽는다.

어머니 상(喪)에는 애자(哀子)라 하고, 어머니·아버지가 다 돌아가셨을 때는 고애자(孤哀子)라 한다.

```
維歲次○○ ○月○○朔 ○日○○
            孤子○○ 敢昭告于
顯考學生府君 形歸窀穸 神返室堂
神主既成 伏惟
尊靈 舍舊從新 是憑是依
```

망인이 상주의 손아래 사람일 경우에는 감소고우를 그냥 고우(告于)라 하고, 복유존영을 유, 영(惟, 靈)이라 한다.

22. 초우(初虞) 재우(再虞) 삼우(三虞)

상주가 한 발 물러나 꿇어 앉고, 축관은 상주 오른쪽으로 가서 꿇어 앉아 축을 읽는다.

축을 쓸 때 고자(孤子)는 졸곡(卒哭)까지만 쓴다.

졸곡이 지나면 종가(宗家)의 종자(宗子)는 효자(孝子)

```
維歲次○○ ○月○○朔 ○日○○  孤子○○  敢昭告于
顯考學生府君 日月不居 奄及初虞
夙興夜處 哀慕不寧
謹以清酌 庶羞哀薦 祫事 尙
饗
```

라 하고, 종자가 아닌 사람은 자(子)라 한다.

　망인이 아들일 경우에는 애모불영이라 하지 않고 비념상속(悲念相屬) 심언여훼(心焉如毀)라 한다.
　망인이 동생일 경우에는 비통외지(悲痛猥至) 정하가처(情何可處)라 한다.
　망인이 형일 경우에는 비통무이(悲痛無已) 지정여하(至情如何)라 한다.
　망인이 아내(妻)일 경우에는 비도산고(悲悼酸苦) 불

자승감(不自勝堪)이라 한다.

 아내나 동생 이하에는 근이(謹以)라 하지 않고 자이(玆以)라 하고, 애천(哀薦)을 진차(陳此)라 한다.

 초우제를 모신 다음 유일(柔日)이 되면 재우제(再虞祭)를 모신다.

 축문에는 엄급초우를 엄급재우(奄及再虞)라 하며, 협사(祫事)를 우사(虞事)라 한다.

 제우를 모시고 나서 돌아오는 첫 강일(剛日)에 삼우제(三虞祭)를 모신다.

 강일(剛日)이란 일진(日辰)에 갑(甲), 병(丙), 무(戊), 경(庚), 임(壬)이 든 날이다.

 강일을 척일(隻日)이라 하여 양(陽)에 해당하는 날이라 한다.

 축문에는 엄급삼우(奄及三虞)라 하고, 우사(虞事)를 성사(成事)라 쓴다.

23. 소상(小祥) 대상(大祥)

소상(小祥)은 돌아가신 지 만 1년이 되어서 지내는 제사이다.

축관이 축을 읽는다.

```
維歲次○○ ○月○○朔 ○日○○
        孝子○○ 敢昭告于
顯考學生府君
        日月不居 奄及小祥
夙興夜處 哀慕不寧
謹以淸酌 庶羞哀薦 常事 尙
饗
```

대상은 돌아가신 지 만 2년이 지나 기일(忌日)에 지내는 제사이다.

축문은 엄급대상(奄及大祥)이라 하며, 상사(常事)를 상사(祥事)라 쓴다.

제 례(祭禮)

I. 오늘날의 제례(祭禮)
: 가정의례준칙상의 제례

제례는 기제(忌祭)·절사(節祀)·연시제(年始祭)로 구분한다.

기제는 제주(祭主)의 아버지와 어머니, 할아버지와 할머니까지로만 한다.
기제를 모시는 시각은 매년 사망한 날 해가 진 뒤에 제주의 가정에서 모신다.
기제에 참석하는 사람은 망인의 직계 자손으로 한다.

절사(節祀)는 추석(秋夕)날 아침에 직계 조상에 대하여 지낸다.
절사에 참례하는 범위는 직계 자손으로 하고, 절사를

지내는 장소는 종손의 집에서 지낸다.

  연시제(年始祭)는 설날 아침에 지내되 그 대상, 장소, 참가자의 범위는 기제(忌祭)에 준한다.

  제수(祭需)는 평상시의 간소한 반상(飯床) 음식으로 자연스럽게 차린다.
 절사의 경우에는 떡으로, 연시제의 경우에는 떡국으로 밥을 대신할 수 있다.

  제사의 절차에 있어 제주(祭主)는 분향하고, 모사에 술을 붓고, 참례한 사람이 일제히 신위 앞에 재배하여 서서 혼령을 모신다.
 술잔은 한 번만 올리고 축문을 읽은 뒤 묵념한다.
 그리고 참례한 사람이 함께 하는 재배로써 물림절을 한다.

  성묘는 각자의 편의대로 한다. 그 배례 방법은 재배 또는 묵념으로 하며, 제수(祭需)는 마련하지 않는다.

  신위는 사진으로 하고 사진이 없는 경우에는 지방으로 대신한다.

  지방은 한글로 백지에 먹글씨로 다음과 같이 쓴다.

제5권 관혼상제(冠婚喪祭) 159

〈부모의 경우〉

아버님　어머님전주이씨신위
아버님신위

아버님신위

부모가 모두 사망했을 경우에는 두 분을 합동으로 쓴다.

부모 중 한 분만 사망했을 경우에는 한 분만 쓴다.

〈배우자의 경우〉

부군신위	망실밀양박씨신위
자식이 없는 아내가 남편의 제사를 지낼 때의 지방	자식이 없는 남편이 아내의 제사를 지낼 때의 지방

제5권 관혼상제(冠婚喪祭) 161

〈절사의 경우〉   〈합사하는 경우〉

선조여러어른신위

할아버님신위
할머니순창설씨신위
아버님전주이씨신위
어머님전주이씨신위

절사(節祀) : 명절이나 계절에 따라 지내는 제사

합사(合祀) : 기제(忌祭)로 조부모와 부모까지 지내는 제사

1. 오늘날의 제사

가. 제사의 종류

돌아가신 날 집에서 드리는 기제(忌祭)가 있고, 봄이나 가을에 날을 받아서 묘에서 드리는 묘제(墓祭)가 있다.

가족끼리만 모여서 제사를 드리는 것이 아니라 사회 여러 사람들까지 참례하는 추도식(追悼式)과 위령제(慰靈祭)가 있다.

제사는 아니지만 선영을 받드는 의식(儀式)으로 설과 추석에 드리는 절사(節祀)가 있다.

한식(寒食)에 성묘를 가서 술과 과일을 올리는 것은 절사의 한 종류라 하겠다.

나. 지방(紙榜)과 축(祝)

묘제(墓祭)·위령제(慰靈祭)·추도식(追悼式) 그리고 한식 절사(節祀)에는 지방이 필요 없으나 기제(忌祭)와 설과 추석에 드리는 절사(節祀)에는 지방이 필요하다.

가정의례준칙(家庭儀禮準則)에 한글로 쓰는 지방 서식이 있다.

그래서 일반적으로 한글로 쓰는 지방과 옛날 서식대로 한문으로 쓴 지방이 같이 쓰이고 있다.

그러나 오늘날에는 사진(寫眞)만을 모시고 지방을 쓰

지 않는 경향이 많아지고 있다.

지방 자체에 큰 의의가 있는 것이 아닌 이상, 사진이나 초상화가 있으면 모시고 제사를 드리는 것도 무방하다.

한글 세대가 늘어남과 동시에 한자(漢字)의 사용 빈도가 줄어드는 추세로 보아서는 오래지 않아 한자 서식의 지방이 극히 드물게 될 것으로 보인다.

축문(祝文)은 오늘날 새로운 서식이 있지 않다. 그렇다고 상례(喪禮)와 제례(祭禮)의 절차와 의식이 많이 바뀐 오늘날, 옛날 그대로의 축문을 쓴다는 것은 어려운 일이다.

더구나 한글 세대들은 옛날의 축문이 무슨 내용인지도 알기 어렵다. 그래서 오늘날에 널리 통용될 수 있고 누구나 쓸 수 있으며 알 수 있는 축문의 양식이 필요하다.

축문이란 제사를 받드는 사람이 선조에 대해 제수를 올리고 드리는 말씀인 것이므로 어려운 것만은 아니다.

축문의 내용으로서는

① 오늘……제일(祭日)을 맞이하여 생각하옵건대,
② 살아계실 때는 효도를 다하지 못하고, 오늘날은 가르치심을 행하지 못하와 죄송하옵기 한량 없사오나,
③ 앞으로는 명심하고, 더욱 열심히 노력하여 부끄럽지 않은 사람이 되겠사오니 너그러이 용서하시옵고,
④ 약소하나마 제수를 올리오니 굽어 살피시옵고 흠향하시옵

기를 간절히 바라옵니다…….

하는 것에 각자가 특별히 아뢰올 말씀이 있으면 드리는 것이 무방하겠다.

다. 제수(祭需)

가정의례준칙에서 '간소한'이란 표현은 자신과 가족이 일상 끼니에 받는 밥상 정도로만 제수를 차리라는 뜻은 아니라고 본다.

제사를 잘 지내야 효도가 된다는 잘못된 생각에서나 제사를 호화스럽게 모셔야 사회에서 대접을 받는다는 그릇된 생각에서 자신의 살림 형편을 무시하고 허례(虛禮)에 빠지는 경우를 전제하고, 간소하게, 분수에 알맞게 차리자는 뜻이다.

옛날에 재산이 많아도 제사에서 한 항목(項目)에 다섯 가지를 넘지 않는다고 한 것은 검소를 뜻하는 것이며, 집안이 어려워도 두 가지는 해야 한다는 것은 정성을 들여야 한다는 의미이다.

옛날 같이 새로운 음식물이 생길 때마다 천신(薦新)을 하고, 철따라 제사를 드리며 농사를 지어서는 이제(禰祭)를 모셔 부모님께 감사드리는 정도로 다 하지는 못하더라도 가족들의 용돈을 줄이고 의복비(衣服費)를 줄이며 생활비를 줄여서라도 성심성의를 다해 제수를 마련해야 할 것이다. 3일재(齋)와 7일계(戒)의 옛날 교훈을 거울삼아 정성을 다하는 것이 자손의 도리이다.

라. 기제(忌祭)와 묘제(墓祭)

 돌아가신 날 드리는 제사로서 아버지, 어머니, 할아버지, 할머니 그리고 남편과 아내에 대하여 제사를 지낸다.
 가풍에 따라서는 지금도 옛날과 같이 증조할아버지, 증조할머니, 고조할아버지, 고조할머니에 대해서 돌아가신 날 제사를 모신다.
 제사를 지내는 절차는 제수를 진설한 다음 분향을 하고, 강신을 하고, 술잔을 올린 다음 축문을 읽는다.
 축문은 옛날 서식의 축문이 아니더라도 구두(口頭)로라도 흠향하시라는 말씀을 드려도 무방하다.
 잔은 한 잔으로는 너무나 섭섭하니 삼배로 올리는 것이 좋겠다.
 잔을 다 올린 다음에는 가족이 모여서 조상들의 이야기를 나누는 것이 좋다. 자라나는 어린이에게는 조상들의 이야기가 큰 교훈이 된다.
 국을 내리고 물을 올린 다음 철상을 한다.
 제사를 모시는 시간은 여러 가지 풍습이 있고, 또 좋은 점과 나쁜 점이 있으나 초저녁보다는 아침이 좋겠고, 아침보다는 이른 새벽에 주위가 고요할 때 모시는 것이 좋다.
 묘제(墓祭)는 세월이 흐름에 따라 점차 사라져가는 제례(祭禮)이나, 아직도 묘제를 갖추어 모시는 집안이 적지 않다.

묘제는 지금도 5대조부터 모신다.
지금도 묘제는 옛날의 제사 의식대로 모신다.

마. 추석(秋夕)과 설

추석과 설날 아침에 기제(忌祭)를 모시는데 선영의 신위(神位)를 모시고 제수를 올린다.

사시제(四時祭)나 이제(禰祭)가 없는 오늘날에는 사시제나 이제를 겸하는 의미에서 정성을 들여 모셔야 한다.

변천되어 가는 사회의 조류에 비추어 보아, 앞으로 설날에는 집에서 합사(合祀)로 모시고, 추석에는 성묘(省墓)를 가서 묘소에서 간단한 제수를 올려 제사를 드리는 것도 무방하지 않을까 한다.

기제(忌祭)나 절사(節祀)에 옛날과 같이 의식을 구분하는 것보다는 일반적인 예(禮)로서

① 분향하고
② 강신하고
③ 잔을 올리고,
④ 흠향하십시오 하는 말씀을 드리고,
⑤ 참례한 사람은 원하는 대로 잔을 올리고,
⑥ 인사를 드리고,

철상(撤床)하는 것이라면 제수의 많고 적음과, 옛날의

예법에 합당한가 합당하지 않은가보다는 제사를 받드는 정성과 마음가짐이 가장 중요한 문제라고 하겠다.

바. 추도식(追悼式)

고인이 국가와 사회에 공헌함이 크고 덕망이 높으면 고인을 따르던 분들과 가족이 추도식(追悼式)을 갖는다.

추도식을 가질 때는 집안에서의 제사는 생략하기도 한다.

추도식은 여러 사람이 모일 수 있는 넓은 장소에서 거행하는 것이나 묘소에서도 한다.

추도식에 참석하는 사람들은 검은색 양복이나 한복으로 정장을 하는 것이 원칙이다.

추도식은 대개 다음과 같은 식순으로 진행한다.

① 개식 - 사회자가 선언한다.
② 묵념 - 고인을 추모하는 묵념이며 묘소 앞일 때는 배례를 하기도 한다.
③ 약력 보고 - 고인의 업적을 간추려 보고 한다.
④ 추도사 - 고인을 추모하는 글이다.
⑤ 분향 - 영정에 향을 피우고 배례를 한다.
⑥ 폐식 - 사회자의 선언으로 추도식을 마친다.

사. 위령제(慰靈祭)

일반적으로 전쟁이나 천재지변, 또는 큰 사고로 많은 생명이 희생되었을 때 그 영혼을 위로하는 제사이다.

위령제를 주관하는 측의 입장에 따라 어느 특수한 종
교 의식이나 일반적인 의식으로 할 수 있다.
대체적인 절차와 순서는 다음과 같다.

① 제례 거행 선언
② 주악
③ 일동 경례
④ 사건의 개략적인 보고
⑤ 추모사(追慕辭)
⑥ 분향 헌작
⑦ 일동 경례
⑧ 주악
⑨ 예필 선언

신위는 사진이나 지방을 쓰고, 제상은 서서 경례와 분
향을 할 수 있게 높게 만들며, 제수는 과일과 건포를
쓴다.

2. 종교식(宗敎式) 제례

가. 불교식(佛敎式) 제례
제사는 절에서 모신다. 고인의 명복(冥福)을 비는 재
(齋)로서 사십구재와 백일재가 있고, 소기(小朞)와 대
기(大朞)에 드리는 재가 있다.

일반 불교 신자의 제사는 대개 다음과 같은 순서로 거행한다.

① 개식(開式) - 법사가 선언한다.
② 삼귀의례(三歸依禮) - 불(佛)·법(法)·승(僧) 삼보에 인간이 귀의(歸依)한다는 의식을 거행한다.
③ 독경 - 일반적으로 반야심경(般若心經)을 읽는다.
④ 묵도
⑤ 추도문 낭독 - 이 때 고인의 약력을 소개하기도 한다.
⑥ 추도사 낭독 - 법주(法主)가 한다.
⑦ 분향 - 유족이 고인의 명복을 빌면서 향을 사르면 뒤이어 손님이 향을 사른다.
⑧ 답사(答辭) - 제주(祭主)가 여러 손님께 감사 말씀을 드리는 것으로 제사는 끝난다.

나. 기독교식(基督敎式) 제례

기일(忌日)이 되면 목사가 주례가 되어 추도 예배를 본다.

① 찬송
② 기도 - 주례 목사가 한다.
③ 성경 봉독
  열왕기 상 2장 1절~3절
  누가복음 10장 25절~27절
  잠언 3장 1절~3절

④ 기념 추도 - 주례가 설교와 겸하여 고인의 이야기를 한다.
⑤ 묵도 - 약 3분간 한다.
⑥ 찬송
⑦ 주기도문 - 참례자 일동이 한다.

유가족들은 추도 예배가 끝나면 다과(茶菓)를 준비하여 교우들을 대접한다.

다. 카톨릭식(天主敎式) 제례

카톨릭에서는 고인의 영혼을 위해 장례를 치른 3일 뒤에 연미사를 드리고, 7일, 30일 뒤에도 연미사를 드린다.

첫 기일(忌日)이 되면 연미사를 드리며 성모(聖母)께서 특히 부탁하신 일이라 하여 유가족이 다같이 고해성사(告解聖事)와 성체성사(聖體聖事)를 받기를 권한다.

소기(小朞)에 오는 손님에게는 음식을 대접한다.

특히 카톨릭에서는 11월 2일, 연옥(煉獄)에 있는 모든 영혼을 위해 올리는 미사인 추사이망첨례(追思已亡瞻禮)의 날에는 교우들이 묘지를 찾아가 고인의 영혼을 위하여 기도를 드린다.

Ⅱ. 옛날의 제례(祭禮)

가. 지방(紙榜)

제사를 지낼 때 신주(神主)가 있으면 신주를 감실에서 모셔내다가 교의에 모시는 것이나 신주가 없을 때에는 지방(紙榜)을 써서 교의에 붙인다.

지방 글씨는 붓글씨로 쓰되 해서체(楷書體)로 쓴다.
지방 글씨는 대개 가로 7Cm, 세로 21Cm인데 백지를 접어서 앞면에 쓰기도 하고, 백지를 지방 크기로 끊어서 한 장에 한 위(位)씩 쓰기도 한다.

지방을 쓸 때에는 고위(考位)를 나란히 쓰며, 고위는 오른쪽에, 비위는 왼쪽에 쓴다.

백지를 접어서 만든 지방 [서식 ①]

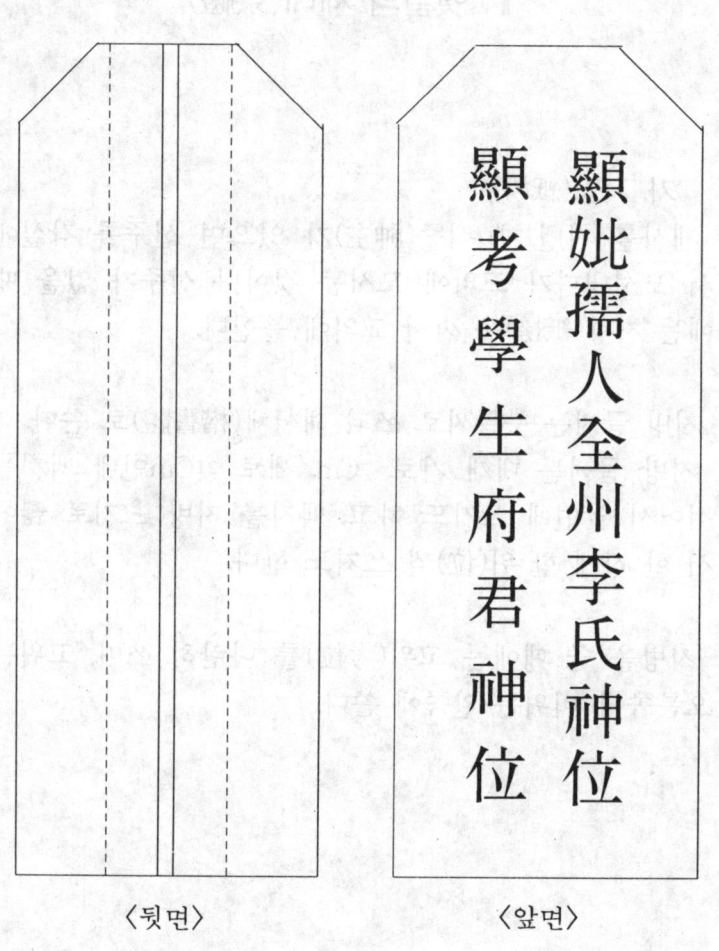

〈뒷면〉　〈앞면〉

백지를 접어서 만든 지방 [서식 ②]

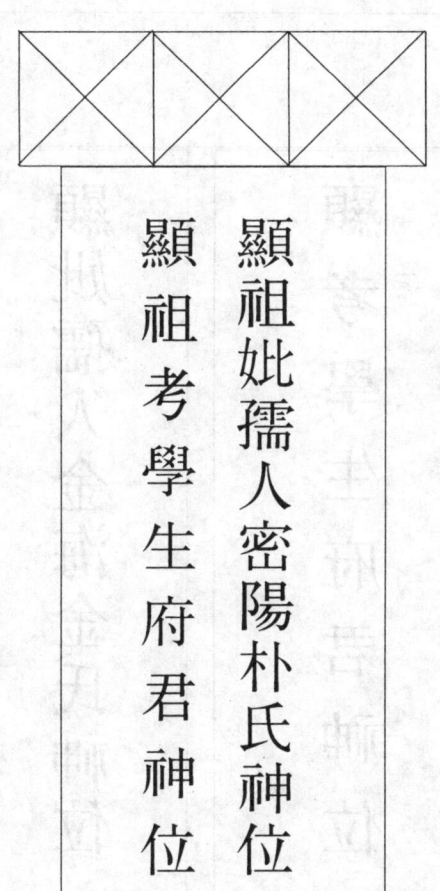

백지를 끊어서 쓰는 지방 [서식 ③]

顯妣孺人金海金氏神位

顯考學生府君神位

백지를 끊어서 쓰는 지방 [서식 ④]
〈배위가 두 분 이상인 경우〉

| 顯曾祖考學生府君神位 | 顯曾祖妣孺人密陽朴氏神位 | 顯曾祖妣孺人金海金氏神位 |

배위(配位)가 두 분이나 세 분일 경우에는 첫 배위(配位)를 고위(考位) 옆 오른쪽에 쓰고, 순차로 왼쪽으로 써간다.

◆ 증조할아버지·증조할머니의 지방

顯曾祖考學生府君神位
顯曾祖妣孺人金海金氏神位

◆ 고조할아버지·고조할머니의 지방

顯高祖考學生府君神位
顯高祖妣孺人安東金氏神位

제상을 진설할 때도 고위는 오른쪽, 비위(비위)는 왼쪽에 놓으며, 배위의 순차로 오른쪽에서 왼쪽으로 놓아간다.

◆ 아버지·어머니의 지방

顯考學生府君神位　顯妣孺人全州李氏神位

◆ 할아버지·할머니의 지방

顯祖考學生府君神位　顯祖妣孺人淳昌薛氏神位

◆ 큰아버지·큰어머니의 지방

顯伯母孺人文化柳氏神位

顯伯父學生府君神位

◆ 형·형수의 지방

顯兄嫂孺人密陽朴氏神位

顯兄學生府君神位

제5권 관혼상제(冠婚喪祭) 179

◆ 남편의 지방

顯辟學生府君神位

◆ 작은아버지・작은어머니의 지방

顯叔母孺人光山金氏神位
顯叔父學生府君神位

◆ 아내의 지방

故室孺人全州崔氏神位

◆ 아내의 지방

亡室孺人東來鄭氏神位

동생과 아들의 지방을 쓸 때 '學生' 대신 '自士' 또는 '秀才'라고도 쓴다.

| ◆ 아들의 지방 | 亡子學生○○神位 〈○○는 이름〉 | ◆ 동생의 지방 | 亡弟學生○○神位 〈○○는 이름〉 |

고위(考位)의 '學生'은 관직이 없는 사람에 대해 쓰고 관직이 있으면 '學生'을 쓰지 않고 벼슬 이름을 쓰며, 비위(妣位)는 '孺人(유인)'을 쓰지 않고 고위(考位)의 벼슬에 따라서 봉(封)한 명칭을 쓴다.

 정1품 숭록대부(崇祿大夫), 종1품 숭정대부(崇政大夫)의 비위는 '부부인(府夫人)·정경부인(貞敬夫人)'에 봉한다.
 정2품 정헌대부(正憲大夫)·자헌대부(資憲大夫), 종2품 가의대부(嘉義大夫)·가선대부(嘉善大夫)의 비위는 '정부인(貞夫人)'.
 정3품 당상관(堂上官)·통정대부(通政大夫)의 비위는 '숙부인(淑夫人)'.
 정3품 당하관(堂下官)·통훈대부(通訓大夫), 종3품 중직대부(中直大夫)·중훈대부(中訓大夫)의 비위는 '숙인(叔人)'.
 정4품 봉정대부(奉正大夫)·봉열대부(奉列大夫), 종4품 조산대부(朝散大夫)·조봉대부(朝奉大夫)의 비위는 '영인(令人)'.
 정5품 통덕랑(通德郎)·통선랑(通善郎), 종5품 봉직랑(奉直郎)·봉훈랑(奉訓郎)의 비위는 '공인(恭人)'.
 정6품 승훈랑(承訓郎)·종순랑(從順郎), 종6품 선교랑(宣敎郎)·선무랑(宣務郎)의 비위는 '의인(宜人)'.

고위(考位)가 통정대부(通政大夫)인 증조부의 지방은 다음과 같이 쓴다.

顯曾祖妣淑夫人安東金氏神位
顯曾祖考通政大夫府君神位

나. 축 문(祝文)

① 할아버지 기제(忌祭) 축

> 維歲次○○ ○月○○朔 ○○日○○ 孝孫 ○○ 敢昭告于
> 顯祖考學生府君
> 顯祖妣孺人○○○氏 歲序遷易
> 顯祖考學生 諱日復臨 追遠感時 不勝永慕
> 謹以淸酌庶羞 恭伸奠獻 尙
> 饗

● 해설 : 해가 바뀌어 할아버지의 제일이 다시 돌아오니 사모하는 마음 이기지 못해 삼가 술과 약소한 제수를 올리오니 흠향하소서.

할머니 제사에는 '세서천역 顯祖妣孺人 휘일부림…' 이라 쓴다.

벼슬이 있으면 지방과 같이 '학생'과 '유인'을 쓰지 않고 벼슬 이름과 봉한 명칭을 쓴다.

증조할아버지는 '孝曾孫○○…' '顯曾祖考…' '顯曾祖妣…' 이라 하고, 고조할아버지는 '孝玄孫○○…' '顯高祖考…' '顯高祖妣…' 이라 한다.

② 아버지 기제(忌祭) 축

維歲次○○ ○月○○朔 ○日○○ 孝子○○ 敢昭告于
顯考學生府君
顯妣孺人○○○氏 歲時遷易
顯考學生 諱日復臨 追遠感時 昊天罔極
謹以淸酌庶羞 恭伸奠獻 尙
饗

어머니의 제사 때에는 '세시천역 顯妣孺人 휘일부림…'이라 한다.

호천망극(昊天罔極)이란 은혜가 하늘과 같이 크고 넓어서 다할 수 없다는 뜻이다.

③ 남편의 기제(忌祭) 축

날짜와 일진 밑에 '主婦○○(이름) 敢昭告于 顯辟學生府君…' '추원감시 不勝感愴 근이청작…'이라 한다.

불승감창이란 슬픈 마음을 이기지 못한다는 뜻이다.

④ 아내의 기제(忌祭) 축

維歲次○○ ○月○○朔 ○日○○ 夫○○(이름) 敢昭告于 亡室孺人○○○氏 歲時遷易 亡日復至 追遠感時 不自勝感 茲以淸酌庶羞 伸此奠儀 尙 饗

불자승감(不自勝感)이란 '스스로 많은 느낌을 이기지 못하여'라는 뜻이다.

⑤ 형의 기제(忌祭) 축
「……弟 ○○(이름) 敢昭告于 顯兄學生府君 歲序遷易 諱日復臨 情何悲痛 謹以淸酌庶羞 恭伸奠獻 尙 饗」
정하비통(情何悲痛)은 슬프고 아픈 정을 아찌할 바 모른다는 뜻이다.

⑥ 동생의 기제(忌祭) 축
「……兄 告于 亡弟○○(이름) 歲序遷易 亡日復至 情何可處 玆以淸酌 陳此奠儀 尙 饗」
정하가처(情何可處)는 정을 어디에 비길 바 없어의 뜻.

⑦ 아들의 기제(忌祭) 축
「……父 告于 歲序遷易 亡日復至 心燬悲念 玆以淸酌 陳此奠儀 尙 饗」
심훼비념(心燬悲念)은 슬픈 생각에 마음이 불타는 것 같다는 뜻이다.

다. 제수(祭需)
제수를 제상에 진설하는 순서는 가문(家門)에 따라 많은 차이가 있다.
일반적으로 공통적인 점은 다음과 같다.

① 홍동백서(紅東白西)
② 두동미서(頭東尾西)
③ 생동숙서(生東熟西)
④ 반좌갱우(飯左羹右)
⑤ 어동육서(魚東肉西)
⑥ 조율시이(棗栗柿梨)
⑦ 포좌혜우(脯左醯右)

제상에는 일반적인 예(例)로 다섯 줄(五列)로 진설한다.

① 신위(神位) 바로 앞 줄은 메, 국(羹), 떡 그리고 수저와 젓가락을 담은 접시를 놓는다. 곡식으로 된 제수를 한 줄로 차린다.
② 다음 줄은 탕줄이라 하여 세 가지 탕(三湯)을 가운데 놓고, 적(炙)을 탕 양쪽으로 놓는다. 이 때 생선으로 만든 것은 오른쪽(東)에 놓고, 고기로 만든 것은 왼쪽(西)에 놓는다.
③ 다음 줄은 고기 줄이라 하여 생선(魚)은 오른쪽에 놓고, 고기는 왼쪽에 놓는다.
④ 네째 줄은 채소 줄이다. 오른쪽으로부터 산채(고사리, 취, 도라지), 가채(무나물, 콩나물, 숙주나물, 가지나물), 해채(우뭇가사리, 파래, 미역) 순으로 놓는다.
⑤ 다섯째 줄은 과일 줄로 왼쪽으로부터 대추, 밤, 곶감, 배 순서로 놓고 이어서 유과, 산자, 강정 등을 놓는다

포(脯)는 고기 줄에 놓으나 문어만은 대부분 과일 줄

에 놓고 식혜는 유과나 산자와는 달리 술잔 옆에 놓는다.
 김치와 간장은 한 줄로 치지 않고, 첫 메 줄과 두 번째의 탕 줄 사이에 놓고 술잔은 고위(考位)와 비위(妣位) 메 사이에 놓기도 하나, 메 앞 김치와 간장 옆에 놓는다. 식혜는 술잔 옆에 한 뼘쯤 사이를 두고 놓는다.
 술잔, 김치, 간장, 식혜는 한 줄로 치지 않고 탕 줄에 가까이 놓는다.
 생선은 머리를 오른쪽으로 향하게 하며 배(腹)부분이 메 있는 쪽으로 가고 등부분이 과일 쪽으로 가게 놓는다. 이는 배가 등보다 더 중요하고 또 앞(前)이라는 뜻이다.
 신위를 중심으로 하여 메와 술이 가장 가까우며 김치와 간장을 고기보다 더 중요시한다. 같은 고기라도 찌고 삶아서 놓은 것보다 구운 것(炙)을 더 중요시하고, 구운 것보다 끓여서 만든 탕을 보다 더 중요시한다.
 채소는 산에서 채취한 고사리, 도라지, 취나물을 집에서 길러 만든 콩나물 등의 가채보다 더 중요시한다.
 초(醋)는 고기 옆에 놓으며, 조청은 떡 옆에 놓는다.

라. 제례 용구

①일반적인 제찬도(祭饌圖) [표참조]

```
┌─────────────────────────────────────────────────┐
│ 대   ○   ○   ○       초   시                    │
│ 추                       점                      │
│             육                                   │
│             적                                   │
│                                          (고위)  │
│     약   육           메                         │
│ 밤  과   적   육      국                         │
│             류   술                              │
│                  잔                              │
│ 곶       소                                      │
│ 감       탕                                      │
│                  간                              │
│             육   장                              │
│                  김                              │
│ 배  가       탕   치                             │
│     재                                   지 방   │
│             어                                   │
│ 포       어 탕                                   │
│ ·       유   술   메                             │
│ 문       어   잔   국                            │
│ 어       적                                      │
│             어       식                          │
│     산       적       혜                 (비위)  │
│ 산   적                                          │
│ 자                                               │
│             어                                   │
│     ○    ○  적   초  ○                          │
│ 간                   청                          │
│ 장                      묘                       │
└─────────────────────────────────────────────────┘
```

율곡(栗谷)선생 격몽요결(擊蒙要訣) 제찬도(祭饌圖)

| 신 위 |

메	술잔	국		수저		메	술잔	국
국수	떡	건육	적	어물	국수	떡
	탕	탕	탕	탕	탕	
자반	포	나물	간장	식혜	김치
	밤	대추	곶감	배	은행	
	향로		향합			
	술병	모사기	퇴주그릇		

사례편람(四禮便覽) 제찬도(祭饌圖)

| 신 위 |

메	잔	수저	초	국
국수	고기	적	국수	떡
포	식혜	간장	생채	식혜	김치
과일	과일	과일	과일	과일

Ⅲ. 족당(族黨)의 관계

가. 종 족(宗族)

※ '나'를 기준한 종족의 호칭

부(父) - 아버지. 사망하면 고(考)
모(母) - 어머니. 사망하면 비(妣)
조부(祖父) - 할아버지. 아버지의 아버지
조모(祖母) - 할머니. 아버지의 어머니
증조부(曾祖父) - 증조할아버지. 아버지의 할아버지
증조모(曾祖母) - 증조할머니. 아버지의 할머니
고조부(高祖父) - 아버지의 증조할아버지
고조모(高祖母) - 아버지의 증조할머니
자(子) - 아들. 자기의 소생
자부(子婦) - 며느리. 아들의 아내
여(女) - 딸. 자기의 소생
손자(孫子) - 아들의 아들
손부(孫婦) - 손자의 아내
증손(曾孫) - 손자의 아들. 아들의 손자
증손부(曾孫婦) - 증손자의 아내
현손(玄孫) - 증손자의 아들
현손부(玄孫婦) - 현손의 아내
백부(伯父) - 세부(世父). 조부의 장자
백모(伯母) - 세모(世母). 백부의 아내

중부(仲父) - 아버지의 중형
중모(仲母) - 중부의 아내
숙부(叔父) - 계부(季父). 아버지의 동생
숙모(叔母) - 숙부의 아내
고모(姑母) - 아버지의 여자 형제
형(兄) - 아버지가 먼저 낳은 아들
형수(兄嫂) - 형의 아내
제(弟) - 동생
제수(弟嫂) - 동생의 아내
자(姉) - 누님. 손위 누이
매(妹) - 여동생. 손아래 누이
질(姪) - 조카. 형제의 아들
질부(姪婦) - 조카의 아내
종손(從孫) - 형제의 손자
종손부(從孫婦) - 형제의 손부
종형제(從兄弟) - 백숙부의 아들
종자매(從姉妹) - 백숙부의 딸
당질(堂姪) - 종형제의 아들
당질부(堂姪婦) - 당질의 아내
재종손(再從孫) - 종형제의 손자
종조부(從祖父) - 조부의 형제
종조모(從祖母) - 종조부의 아내
당숙(堂叔) - 아버지의 종형제
당숙모(堂叔母) - 당숙의 아내
재종형제(再從兄弟) - 당숙의 아들

재종자매(再從姉妹) – 당숙의 딸
재당질(再堂姪) – 재종형제의 아들
재종조부모(再從祖父母) – 아버지의 당숙과 당숙모
재당숙(再堂叔) – 아버지의 재종형제
재당숙모(再堂叔母) – 재당숙의 아내
삼종형제(三從兄弟) – 재당숙의 아들
삼종자매(三從姉妹) – 재당숙의 딸
종증조부(從曾祖父) – 증조의 형제
종증조모(從曾祖母) – 종증조부의 아내
왕고모(王姑母) – 아버지의 고모
종고모(從姑母) – 아버지의 종자매
재종고모(再從姑母) – 아버지의 재종자매
종증조고모(從曾祖姑母) – 증조의 자매
　※여기까지는 복(服)을 입는 종족이라 하여 유복지친(有服之親)이라 한다.

삼종조부(三從祖父) – 아버지의 재당숙
삼종조모(三從祖母) – 아버지의 재당숙모
삼종숙(三從叔) – 아버지의 삼종형제
삼종숙모(三從叔母) – 삼종숙의 아내
삼종질(三從姪) – 삼종형제의 아들
삼종손(三從孫) – 재종형제의 손자
　※여기까지는 복을 입지 않는 종족이라 하여 면복근친(免服近親)이라 한다.

삼종이 넘는 일가는 촌수(寸數)가 없고, 조부의 항렬에 해당되면 대부(大父)라 하고, 아버지의 항렬은 족숙(族叔)이라 하고, 형제 항렬은 족형(族兄), 족제(族弟)라 한다. 손아래 항렬은 족질(族姪)이라 하고, 항렬이 분명치 않을 때는 종씨(宗氏), 존장(尊長)이라 한다.

나. 친족 관계 계촌도(親族關係系寸圖)

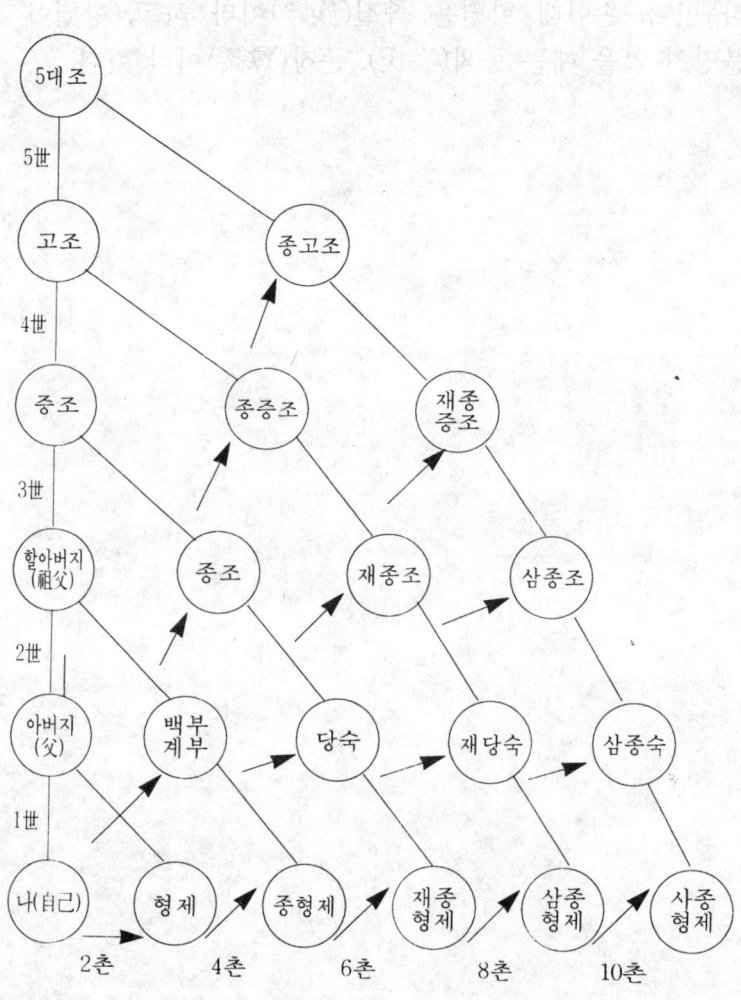

다. 내종간 계촌도(內從間系寸圖)

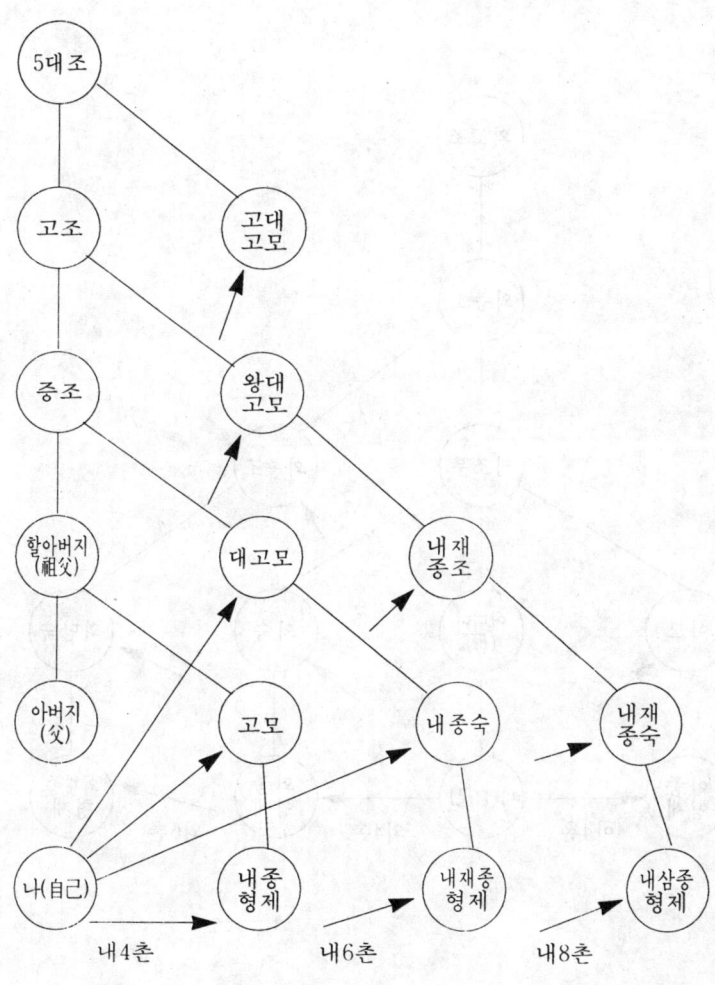

라. 외종간 계촌도(外從間系寸圖)

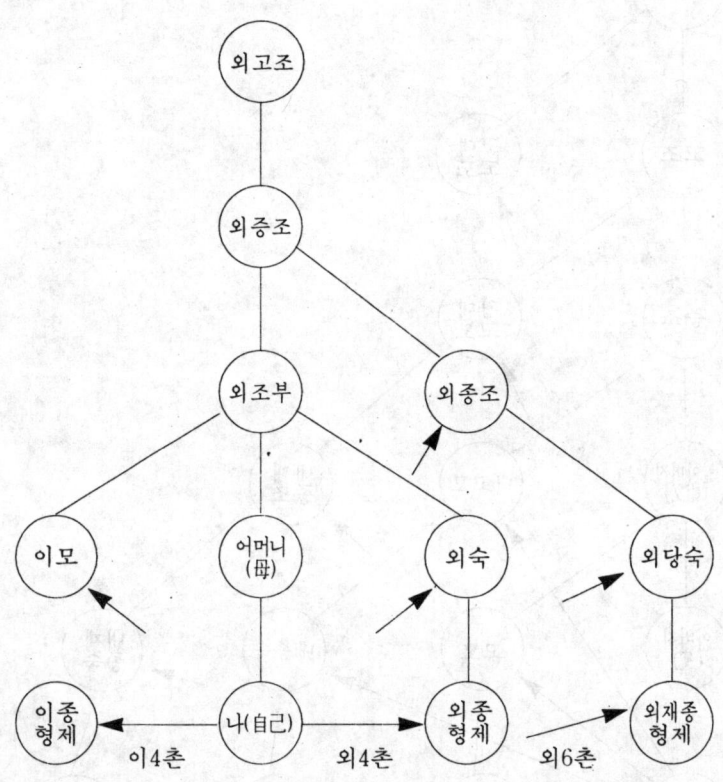

마. 척 당(戚黨 : 혼인으로 인하여 생기는 것)

① 부당(父黨)
고모부(姑母夫) - 고모의 남편
내종(內從) - 고모의 자녀. 고종(姑從)
내종질(內從姪) - 내종의 아들
자형(姉兄) - 누님의 남편
매부(妹夫) - 여동생의 남편
생질(甥姪) - 여자 형제의 아들
생질녀(甥姪女) - 여자 형제의 딸

② 모당(母黨)
외조부(外祖父) - 외왕부(外王父). 어머니의 아버지
외조모(外祖母) - 외왕모(外王母). 어머니의 어머니
외숙(外叔) - 어머니의 오빠나 남동생
외숙모(外叔母) - 외숙의 아내
외종숙(外從叔) - 어머니의 사촌 남자 형제
이모(姨母) - 어머니의 여자 형제
종이모(從姨母) - 어머니의 사촌 여자 형제
외종(外從) - 외숙의 아들, 딸
이모부(姨母夫) - 이모의 남편
이종(姨從) - 이모의 자녀
이질(姨姪) - 아내의 자매의 자녀

③ 부당(夫黨)
부(夫) - 남편
시부(媤父)·시모(媤母) - 남편의 아버지〔구(舅)〕와 어머니〔고(姑)〕
시숙(媤叔)·시매(媤妹) - 남편의 남자 형제와 여자 형제

④ 처당(妻黨)
처(妻) - 아내
빙부(聘父)·빙모(聘母) - 아내의 아버지〔장인(丈人)〕와 어머니〔장모(丈母)〕
처백부모(妻伯父母)·처숙부모(妻叔父母) - 아내의 백부모와 숙부모
처남(妻男) - 아내의 남자 형제
처수(妻嫂) - 처남의 아내
처형(妻兄)·처제(妻弟) - 아내의 언니와 동생
처질(妻姪) - 처남의 자녀

바. 칭 호(稱號)

① 부당(父黨)

	본인(本人)이 부를 때	남(他人)이 부를 때
祖父	할아버님, 왕부(王父)	왕존장(王尊丈)
父	아버지, 엄부(嚴父), 가부(家父)	춘당(春堂), 춘부장(春府丈)
叔父	사숙(舍叔)	왕장(王丈)
兄弟	사백(舍伯), 사중(舍仲), 사계(舍季)	백씨(伯氏), 중씨(仲氏), 계씨(季氏)
子	미아(迷兒), 돈아(豚兒)	윤옥(允玉), 영윤(令胤)
孫子	아손(阿孫), 미손(迷孫)	현잉(賢仍), 영잉(令仍)
姪	사질(舍姪), 질아(姪兒)	함씨(咸氏)
一家	비족(鄙族)	귀족(貴族)

② 모당(母黨)

祖母	왕모(王母), 할머님	왕대부인(王大夫人)
母	자친(慈親), 어머님	훤당(萱堂), 대부인(大夫人)
外叔	내구(內舅), 외숙부(外叔父)	위양장(謂陽丈)
外從	표형(表兄), 표제(表弟)	
內從	내형(內兄), 내제(內弟)	

③ 처당(妻黨)

妻	내자(內子), 형처(荊妻)	합부인(閤夫人), 영부인(令夫人)
丈人	빙부(聘父)	악부(岳夫), 빙부(聘夫)
壻	교객(嬌客)	옥윤(玉潤), 서랑(壻郞)

제6권
몽학이천자(蒙學二千字)

錦城丁大有題

蒙學二千字

一	二	三	四	大	小	多	少
한일	두이	석삼	넉사	큰대	젊을소	많을다	작을소
五	六	七	八	古	今	去	來
다섯오	여섯륙	일곱칠	여덟팔	옛고	이제금	갈거	올래
九	十	百	千	東	西	南	北
아홉구	열십	일백백	일천천	동녘동	서녘서	남녘남	북녘북
甲	乙	丙	丁	春	夏	秋	冬
갑옷갑	새을	남방병	고무래정	봄춘	여름하	가을추	겨울동
日	月	山	川	天	地	人	物
날일	달월	뫼산	내천	하늘천	땅지	사람인	만물물
水	火	木	石	父	母	子	女
물수	불화	나무목	돌석	아비부	어미모	아들자	계집녀
上	下	左	右	爺	孃	妻	婦
웃상	아래하	왼쪽좌	오른쪽우	아비야	계집양	아내처	아내부
內	外	本	末	祖	孫	叔	姪
안내	바깥외	근본본	끝말	할아비조	손자손	아재비숙	조카질

兄	弟	姉	妹	世	代	傳	襲
맏 형	아우 제	맏누이 자	아래누이 매	세 상 세	대신할 대	전할 전	엄습할 습
伯	仲	昆	季	祠	祭	承	奉
맏 백	버금 중	맏 곤	철 계	사당 사	제사 제	이을 승	받들 봉
翁	婿	舅	甥	耳	目	口	鼻
늙은이 옹	사위 서	외삼촌 구	생질 생	귀 이	눈 목	입 구	코 비
娣	嫂	姨	姑	脣	齒	喉	舌
동서 제	형수 수	이모 이	시어미 고	입술 순	이 치	목구멍 후	허 설
姻	戚	賓	朋	眉	鬢	臉	頤
혼인할 인	겨레 척	손 빈	벗 붕	눈썹 미	귀밑 빈	뺨 검	턱 이
師	友	姆	傅	手	足	指	趾
스승 사	벗 우	계집종 무	스승 부	손 수	발 족	손가락 지	발꿈치 지
姓	名	氏	族	頭	項	肩	臂
성씨 성	이름 명	성 씨	겨레 족	머리 두	목 항	어깨 견	팔뚝 비
譜	史	乘	籍	曾	腹	腰	脊
족보 보	사기 사	탈 승	호적 적	가슴 흉	배 복	허리 요	등마루 척
宗	支	派	系	筋	骨	血	膚
마루 종	지탱할 지	갈래 파	이을 계	힘줄 근	뼈 골	피 혈	살 부
昭	穆	遠	近	體	肢	軀	殼
밝을 소	빛날 목	멀 원	가까울 근	몸 체	사지 지	몸 구	껍질 각

坐	臥	屈	伸	鷰	賀	簾	幕
앉을좌	누울와	굴할굴	펼 신	제비연	하례하	발 렴	장막막
謹	愼	調	攝	狵	吠	籬	畔
삼가할근	삼가할신	고를조	가질섭	삽살개방	개짖을폐	울타리이	발두둑반
朝	暮	晝	夜	蝶	拂	好	花
아침조	저물모	낮 주	밤 야	나비접	털 불	좋을호	꽃 화
旬	望	晦	朔	禽	啼	茂	樹
열흘순	바랄망	그믐회	초하루삭	새 금	울 제	무성할무	나무수
翌	昨	夙	昔	汝	年	幾	歲
내일익	어제작	일찍숙	옛 서	너 여	해 년	몇 기	햇 세
晨	夕	晷	刻	我	住	此	村
새벽신	저녁석	해그림자귀	새길각	나 아	머무를주	이 차	마을촌
鴻	鴈	炎	涼	歧	路	逢	迎
기러기홍	기러기안	불꽃염	서늘할량	두갈래길기	길 로	만날봉	맞을영
蜉	蝣	陰	晴	欣	笑	共	遊
하루살이부	하루살이유	그늘음	개일청	기쁠흔	웃음소	한가지공	놀 유
鳧	鶴	長	短	佩	芄	捕	雛
오리부	새 학	긴 장	짧을단	찰 패	왕골환	잡을포	새끼추
鵬	鷯	高	低	騎	丫	吹	葱
붕새봉	뱁새료	높을고	낮을저	탈 기	작대기아	불 취	파 총

投	餌	垂	竿	辛	惟	間	味
던질투	먹이이	드릴수	낚시대간	매울신	오직유	사이간	맛미
釣	魚	貫	柳	黃	兮	正	色
낚시조	고기어	꿸관	버들류	누루황	어조사혜	바를정	빛색
先	生	推	戶	紫	陌	菽	丹
먼저선	날생	밀추	문호	붉을자	언덕맥	목단목	목단단
叱	兒	讀	書	綠	蕪	蓬	蒿
꾸짖을질	아이아	읽을독	글서	푸를록	거칠무	쑥봉	쑥호
次	男	作	文	雪	梅	霜	菊
버금차	사내남	지을작	글월문	눈설	매화매	서리상	국화국
壽	童	掃	房	霖	槿	旱	薙
목숨수	아이동	쓸소	방방	장마림	무궁화근	가물한	익모초퇴
紙	筆	硯	墨	芝	燁	蘭	馨
종이지	붓필	벼루연	먹묵	지초지	빛날엽	난초난	향기형
點	畫	字	行	藕	孔	蕉	莖
점점	그을획	글자자	다닐행	연줄기우	구멍공	파초초	줄기경
青	紅	赤	白	遙	嵐	藹	纈
푸를청	붉을홍	붉을적	흰백	멀요	아지랭이남	성할애	맺을힐
甘	苦	鹹	酸	晚	霞	霏	麋
달감	쓸고	짤함	실산	늦을만	안개하	안개비	싸라기미

몽학이천자(蒙學二千字)

潭	沼	泓	渟	飢	食	渴	飮
못 담	못 소	깊을 홍	물괴일 정	주릴 기	먹을 식	목마를 갈	마실 음
瀑	沛	倒	瀉	寒	綿	暑	布
폭포수 폭	폭포 포	꺼꾸러질 도	쏟을 사	찰 한	솜 면	더워서	베 포
金	璧	非	寶	性	靜	心	活
쇠 금	구슬 벽	아닐 비	보배 보	성품 성	고요 정	마음 심	살 활
學	識	是	貴	情	感	意	發
배울 학	알 식	이 시	귀할 귀	뜻 정	느낄 감	뜻 의	필 발
見	聞	習	熟	喜	怒	愛	憎
볼 견	들을 문	익힐 습	익을 숙	기쁠 희	성낼 노	사랑 애	미워할 증
講	究	益	新	疑	懼	畏	㤼
욀 강	연구할 구	더할 익	새로울 신	의심 의	두려울 구	두려울 외	겁낼 겁
勤	勉	聖	賢	睡	眠	醒	刷
부지런할 근	힘쓸 면	성인 성	어질 현	졸음 수	졸 면	깰 성	박을 쇄
怠	惰	狂	妄	休	息	勞	働
게으를 태	게으를 타	미칠 광	요망할 망	쉴 휴	쉴 식	수고로울 노	굴힐 동
毫	釐	之	差	恬	嬉	害	身
털 호	털 이	갈 지	어그러질 차	편안 염	아름다울 희	해로울 해	몸 신
霄	壤	卽	判	脆	濃	腐	腸
하늘 소	흙뎅이 양	곧 즉	판단할 판	연할 취	무르녹을 농	썩을 부	창자 장

乾	開	坤	闢	橘	渡	淮	枳
하늘건	열개	땅곤	열벽	귤귤	건널도	회수회	탱자지
理	賦	氣	形	雀	入	河	蛤
이치리	지을부	기운기	형상형	참새작	들입	물하	조개합
因	存	果	結	胎	孕	娩	産
인할인	있을존	실과과	맺을결	태태	애밸잉	해산할만	낳을산
品	彙	類	分	孩	提	孺	嬰
품수품	모을휘	같을유	나눌분	어릴해	들제	어린아해유	어릴영
巨	細	洪	纖	幼	乳	壯	飯
클거	가늘세	넓을홍	가늘섬	어릴유	젖유	장할장	밥반
森	羅	芸	紛	老	死	喪	葬
수풀삼	버릴나	향풀운	잡될분	늙을로	죽을사	죽을상	장사지낼장
鱗	毛	介	芽	疾	痛	疴	癢
비늘린	터럭모	중매개	싹아	병질	아플통	병가	가려울양
飛	潛	蠢	植	醫	藥	針	灸
날비	잠길잠	어리석을준	심을식	의원의	약약	바늘침	뜸질할구
虧	盈	有	數	蔘	茸	重	劑
이지러질휴	찰영	있을유	셀수	인삼삼	싹날용	무게울중	약제
變	幻	無	窮	桂	薑	恆	茶
변할변	변화할환	없을무	다할궁	계수나무계	생강강	항상항	차다

몽학이천자(蒙學二千字) 211

忠 충성충	孝 효도효	基 터기	礎 주춧돌초	寰 나라우	舜 임금순	烝 나아갈증	乂 나아갈예
才 재주재	藝 재주예	皮 가죽피	裔 옷깃예	周 두루주	武 호반무	繼 이을계	述 지을술
凡 무릇범	爲 할위	禮 예도례	者 놈자	務 힘쓸무	實 열매실	袪 길마거	華 빛날화
孰 누구숙	喩 님을유	養 기를양	親 어버이친	儲 쌓을저	精 정할정	蓄 쌓을축	銳 날카로울예
怡 화할이	聲 소리성	愉 기빼할유	顔 얼굴안	腦 뇌뇌	弱 약할약	煩 번거로울번	惱 번뇌할뇌
竭 다할갈	力 힘력	供 이바지할공	旨 맛있을지	胃 밥통위	確 확실할확	健 굳셀건	康 편안할강
應 응할응	對 대답대	敏 민첩할민	捷 빠를첩	早 일찍조	穎 이삭영	每 매양매	夭 일찍죽을요
揖 읍할읍	讓 사양할양	戰 싸움전	兢 조심할긍	遲 더딜지	鈍 무딜둔	何 어찌하	妨 해로울방
撤 관철할철	饌 반찬찬	請 청할청	與 더불여	樂 즐거울락	不 아니불	可 옳을가	極 가운데극
諫 간할간	過 허물과	弗 말불	忤 거스릴오	滿 가득할만	則 곧즉	必 반드시필	損 덜손

驕	傲	招	謗	和	自	閨	門
교만할교	거만할오	부를초	훼방방	화할화	스스로자	색시규	문문
恭	謙	謂	德	儀	標	鄕	黨
공손할공	사양할겸	이를위	큰덕	거동의	표할표	시골향	무리당
於	貧	修	廉	粒	米	升	斗
어조사어	가난할빈	닦을수	청렴염	쌀알립	쌀미	되승	말두
在	富	戒	濫	絲	縷	尺	寸
있을재	부자부	경계할계	넘칠람	실사	실루	자척	마디촌
容	忍	敦	睦	貨	幣	云	圜
얼굴용	참을인	두터울돈	화목목	재물화	폐백폐	이를운	둥글환
苛	酷	離	散	銅	銀	計	兩
잔풍가	사나울혹	떠날이	흩어질산	구리동	은은	셈계	둘양
慰	撫	鰥	寡	衡	均	錙	銖
위로할위	어루만질무	홀아비환	홀어미과	저울형	고를균	저울치	저울눈수
矜	恤	熒	孤	鏡	照	妍	醜
불쌍할긍	근심할휼	외로울경	외로울고	거울경	비칠조	고울연	추할추
寬	厚	終	興	取	捨	予	奪
너그러울관	두터울후	마침종	일어날흥	가질취	놓을사	나여	빼앗을탈
冷	薄	遂	亡	授	受	償	贖
찰냉	엷을박	드디어수	망할망	줄수	받을수	갚을상	살속

몽학이천자(蒙學二千字) 213

薦	躋	託	賴	驚	愕	惻	怛
천거할천	오를제	부탁할탁	힘입을뢰	놀랄경	놀랄악	불쌍할측	놀랄달
賂	賄	贈	餽	怵	惕	悽	愴
뇌물뇌	재물회	줄증	먹일궤	두려울출	두려울척	슬퍼할처	슬퍼할창
漸	積	瑕	疵	慷	慨	忿	憫
점점점	쌓을적	옥티하	허물자	강개할강	강개할개	분할분	번민할민
竟	致	贅	疣	呵	噤	詛	呪
마칠경	이를치	혹우	혹우	웃을가	입다물금	방자할저	저주할주
糊	塗	朦	朧	寵	辱	榮	槁
풀호	바를도	희미할몽	희미할롱	사랑할총	욕할욕	영화영	마를고
欺	誷	僥	倖	否	泰	衰	旺
속일기	속일망	요행요	요행행	막힐비	클태	쇠할쇠	성할왕
彷	徨	徘	徊	肥	胖	瘦	瘠
머뭇거릴방	머뭇거릴황	배회배	배회회	살찔비	살찔반	파리할수	여윌척
逡	巡	趑	趄	饑	饉	饜	飫
물건니갈준	순행할순	머뭇거릴자	머뭇거릴저	주릴기	흉년들근	싫을염	싫을어
呼	吸	吞	吐	薨	訃	唁	吊
부를호	마실흡	삼킬탄	토할토	죽을훙	부고부	위문할언	조상할조
喟	哂	吁	咈	棺	槨	墳	墓
한숨쉴위	웃을신	탄식할우	어그러질불	널관	외관곽	무덤분	무덤묘

勒	銘	碑	碣	蕫	筴	按	曆
굴레륵	새길명	비석비	비석갈	책력폴명	젓가락협	누를안	책력력
繪	畵	影	像	鴿	鳩	催	候
그림회	그림화	그림자영	형상상	집비둘기합	비둘기구	재촉최	기후후
技	賤	奇	巧	旣	而	耕	耘
재주기	천할천	기이할기	교묘할교	이미기	말이을이	밭갈경	김맬운
俗	勵	淳	樸	俄	又	収	穫
풍속속	힘쓸려	순박할순	질박할박	아까아	또우	걷을수	곡식거둘확
拓	彼	原	野	黍	稷	稻	粱
개척할척	저피	언덕원	들야	기장서	피직	벼도	찰쌀량
播	吾	嘉	穀	禾	年	荳	菽
뿌릴파	나오	아름다울가	곡식곡	벼화	보리모	팥두	콩숙
灌	漑	泥	畓	滌	斯	塲	圃
물댈관	물댈개	막힐니	논답	셋을척	이사	마당장	나물밭포
菑	畬	沙	田	納	諸	倉	庫
묵은밭치	묵은밭여	모래사	밭전	들일납	모을제	곳집창	곳집고
畎	畝	頃	井	端	陽	佳	節
밭고랑견	밭이랑묘	백이랑경	우물정	끝단	볕양	아름다울가	마디절
溝	渠	定	限	元	宵	吉	辰
개천구	개천거	정할정	한정한	으뜸원	밤소	길할길	별신

釀	酒	蒸	餅	李	檎	桃	杏
술빚을양	술 주	증기증	떡 병	오얏리	능금금	복숭아도	살구행
屠	猪	殺	羊	棗	栗	柿	梨
죽일도	돼지저	죽일살	양 양	대추조	밤 율	감시	배리
喚	邀	隣	里	桑	麻	衣	裳
부를환	맞을요	이웃린	마을리	뽕나무상	삼 마	옷 의	치마상
醉	飽	偕	娛	蘆	茅	簑	笠
취할취	배부를포	함께할해	즐길오	갈대로	띠 모	도롱이사	삿갓립
肴	具	蔬	菓	捆	屨	織	席
안주효	갖출구	나물소	실과과	두드릴곤	삼신구	짤 직	자리석
膳	兼	膾	烹	貢	租	課	稅
반찬선	겸할겸	회 회	삶을팽	바칠공	벼조	부세과	부세세
醋	醯	油	醬	暇	隙	樵	牧
초 초	젓 해	기름유	장 장	한가할가	틈 극	나무할초	기를목
醪	醴	飴	糖	且	復	漁	獵
탁주료	단술례	엿 이	사탕당	또 차	다시부	고기잡을어	사냥렵
匏	瓜	藜	藿	草	枯	葉	落
박 포	오이과	명아주려	콩잎과	풀 초	마른나무고	잎 엽	떨어질락
菁	菘	筍	蕨	潦	盡	江	清
무우정	배추숭	대순순	고사리궐	장마로	다할진	물 강	맑을청

伏	弩	埋	穽	裁	縫	紡	績
엎드릴복	쇠뇌노	묻을매	함정정	옷마를재	꿰맬봉	길쌈방	길쌈적
設	網	置	罝	仕	宦	工	商
베풀설	그물망	둘 치	그물저	벼슬사	벼슬환	장인공	장사상
雉	兔	狸	獐	副	業	豐	裕
꿩 치	토끼토	삵 리	노루장	버금부	업 업	풍년풍	너그러울유
鱖	鱸	蟹	鰕	社	會	繁	昌
쏘가리궐	농어로	게 해	암고래하	모일사	모일회	번성할번	창성할창
太	平	農	家	株	式	組	合
클 태	평할평	농사농	집 가	나무그루주	법 식	짤 조	합할합
熙	皥	國	民	公	私	團	圓
빛날희	밝을호	나라국	백성민	공 공	사정사	둥글단	둥글원
夢	叶	熊	虺	海	航	陸	輪
꿈 몽	화할협	곰 웅	독사훼	바다해	배 항	육지육	바퀴윤
慶	連	璋	瓦	電	信	郵	遞
경사경	이을연	구슬장	기와와	번개전	믿을신	역마우	갈릴체
適	時	敎	育	交	通	便	利
마침적	때 시	가르칠교	기를육	사귈교	통할통	편할편	이할이
及	期	嫁	娶	配	付	迅	速
미칠급	기약기	시집갈가	장가들취	짝 배	부칠부	빠를신	빠를속

몽학이천자(蒙學二千字)

舟	車	絡	繹	氊	毹	絺	褐
배 주	수레 거	연락할 락	연락할 역	전 전	담 담	가는갈포치	털로짠베갈
冠	盖	眩	耀	綈	繒	絹	綃
갓 관	덥을 개	현황할 현	빛날 요	비단 제	비단 증	비단 견	생초 초
浦	港	樞	濱	擣	剪	踏	熨
개 포	항구 항	지두리 추	물 가 빈	다듬을도	가위 전	밟을 답	다릴 울
市	街	宜	央	嫋	娜	燦	爛
살 시	거리 가	마땅 의	가운데 앙	고울 뇨	고을 나	빛날 찬	익을 란
賣	買	喧	鬧	衮	襖	袍	裘
팔 매	살 매	지꺼릴 훤	시끄러울요	용포 곤	두루마기오	도포 포	갓옷 구
運	輸	複	雜	裙	襦	褌	袴
옮길 운	나를 수	거듭 복	섞일 잡	치마 군	저고리 유	속옷 곤	바지 고
韓	苧	鐵	紬	歌	衫	蟬	凄
한나라 한	모시 저	쇠 철	명주 주	노래 가	적삼 삼	매미 선	찰 처
漢	緞	唐	綾	舞	袖	鴉	翩
한수 한	비단 단	당나라 당	비단 릉	춤출 무	소매 수	까마귀 아	나을 편
吳	紈	蜀	帛	綬	帶	鈕	釦
오나라 오	집 환	촉나라 촉	비단 백	인끈 수	띠 대	단추 뉴	단추 구
越	紗	秦	錦	襟	裾	緣	領
월나라 월	집 사	진나라 진	비단 금	옷깃 금	옷깃 거	인연 연	옷깃 령

岸 언덕안	種 심을종	美 아름다울미	材 재목재	衾 이불금	褥 요 욕	枕 베개침	几 궤 궤
園 동산원	伐 칠 벌	勁 굳셀경	幹 줄기간	篇 책 편	冊 책 책	卷 책 권	帙 책갑질
檜 전나무회	杉 삼나무삼	松 소나무송	柏 잣 백	筐 광주리광	籠 농 롱	簞 소쿠리단	瓢 표주박표
梓 참나무재	梧 오동오	楮 닥나무저	榛 옷나무칠	豆 접시두	俎 도마조	櫳 장 롱	架 시렁가
于 어조사우	以 써 이	棟 기둥동	樑 들보량	檠 등잔대경	篝 초롱구	盒 합 합	爐 화로로
爰 이에원	使 하여금사	桮 구부릴배	棬 둥그릴권	汽 증기기	煤 그을매	薪 섶 신	炭 숯 탄
建 세울건	搆 얽어맬구	廈 큰집하	屋 집 옥	樗 저포저	槐 회화나무괴	擁 안을옹	腫 종기종
匠 장인장	斲 조갤착	器 그릇기	皿 그릇명	榛 개암나무진	荊 가시형	刺 찌를자	棘 가시극
屛 병풍병	帷 휘장유	椅 의자의	床 상 상	岡 없을망	屬 부칠속	等 무리등	棄 버릴기
案 책상안	卓 탁자탁	櫃 상자궤	函 함 함	堪 견딜감	需 음식수	燃 불살을연	炊 불땔취

몽학이천자(蒙學二千字) 219

玉	磨	溫	潤	耒	耜	鋤	鎌
구슬옥	갈마	디울온	윤택할윤	따비뇌	보습사	호미서	낫겸
鋼	冶	柔	軟	斧	斤	鋸	鑿
강철강	쇠불릴야	부드러울유	연할연	도끼부	열엿냥근	톱거	팔착
鎔	鑄	鍜	鍊	準	削	凹	凸
녹일용	쇠불릴주	쇠불일단	불린쇠련	대패준	깍을삭	오목할요	내밀철
彫	鏤	鍍	釘	繩	鑢	邊	幅
새길조	새길루	도금할도	못정	노끈승	줄려	갓변	너비폭
製	造	簪	纓	簸	揚	秕	稃
지을제	지을조	비녀잠	갓끈영	까불파	날릴양	쭉정이비	등겨부
粧	飾	環	珮	篩	拌	糟	粕
단장장	꾸밀식	고리환	패옥패	체사	버릴반	술재강조	술재강박
珊	瑚	琥	珀	杵	臼	椎	砧
산호산	산호호	호박호	호박박	공이저	절구구	방망이퇴	다듬이돌침
珷	玞	琉	璃	箕	帚	巾	櫛
옥돌무	옥돌부	유리유	유리리	키기	비추	수건건	빗즐
匙	箸	盂	盤	盥	漱	汙	濊
숟가락시	저분저	잔배	소반반	세수관	닦을수	더러울오	더러울예
釜	鐍	瓶	甕	澣	濯	塵	垢
가마부	자물쇠당	병병	항아리옹	빨래한	셋을탁	티끌진	때구

馬	鬣	牛	角	蠶	蛾	撲	燈
말 마	말갈기렵	소 우	뿔 각	누에잠	나비아	부딪칠박	등잔등
犬	守	鷄	報	螳	螂	拒	轍
개 견	지킬수	닭 계	갚을보	사마귀당	범아재비랑	막을거	수레바퀴철
蚊	痴	蠅	黠	蠹	蝕	顚	柱
모기문	어리석을치	파리 승	간사할힐	좀 두	벌레먹을식	기울어질전	기둥주
蚤	燥	蝎	耐	蚓	穴	崩	堤
벼룩조	말릴조	빈대갈	견딜내	지렁이인	구멍혈	무너질붕	언덕제
蜂	役	蠟	蜜	搏	鳶	斂	翼
벌 봉	역사역	밀 랍	꿀 밀	칠 박	소리개연	거둘렴	날개익
蟻	慕	氈	腥	奔	蛇	擧	頸
개미의	사모모	누릴전	비릴성	달아날분	뱀 사	들 거	목 경
蛟	泣	珠	淚	邁	鷹	脫	韛
도롱뇽교	울 읍	구슬주	눈물루	빠를매	매 응	벗을탈	팔찌구
麝	噬	香	臍	幽	鶯	遷	喬
사향노루사	씹을서	향기향	배꼽제	깊을유	꾀꼬리앵	옮길천	큰나무교
蜃	噓	樓	臺	逃	狐	聽	氷
조개신	불 허	다락루	집 대	도망도	여우호	들을청	얼음빙
虹	噴	橋	梁	斑	豹	待	霧
무지개홍	뿜을분	다리교	다리량	아롱질반	표범표	기다릴대	안개무

鳳	凰	麒	麟	出	言	莫	易
봉황봉	봉황황	기린기	기린린	날 출	말씀언	말 막	쉬울이
鴟	梟	豺	狼	臨	事	勿	輕
소리개치	올빼미효	늑대시	늑대랑	다다를임	일 사	말 물	가벼울경
校	塾	庠	黌	虎	踞	蒼	崖
학교교	서당숙	학교상	학당횡	범 호	걸터앉을거	푸를창	언덕애
科	第	官	爵	龍	蟠	深	淵
과거과	차례제	벼슬관	벼슬작	용 용	서릴반	깊을심	못 연
旗	旄	導	前	爾	隱	如	愚
기 기	기 모	인도할도	앞 전	너 이	숨을은	같을여	미련할우
鐘	鼎	列	後	其	進	若	罪
쇠북종	솥 정	벌릴렬	뒤 후	그 기	나아갈진	같을약	죄줄죄
丈	夫	立	志	獨	任	難	居
어른장	지아비부	설 립	뜻 지	홀로독	맡을임	어려울난	살 거
達	士	知	命	衆	怨	所	集
통달할달	선비사	알 지	목숨명	무리중	원망원	바 소	모을집
鳥	啄	仰	視	固	當	盡	職
새 조	쪽을탁	우러를앙	볼 시	굳을고	마땅할당	다할진	직업직
獸	走	回	顧	烏	敢	誇	能
짐승수	달아날주	돌아올회	돌아볼고	까마귀오	구태여감	자랑과	능할능

翡 비취비	翠 푸를취	羽 깃우	擒 사로잡을금	彈 탄환탄	琴 거문고금	禁 금할금	欲 하고자할욕
鸚 앵무앵	鵡 앵무무	語 말씀어	囚 가둘수	圍 둘릴위	棋 바둑기	退 물러갈퇴	敵 대적적
功 공공	成 이룰성	久 오랠구	留 머물류	毁 헐훼	譽 기릴예	得 얻을득	失 잃을실
患 근심환	禍 재앙화	隨 따를수	至 이를지	疇 밭주	曰 가로왈	勢 형세세	哉 어조사재
奄 문득엄	謝 사례사	鶖 새원	班 벌려설반	智 지혜지	謀 꾀모	方 모질방	畧 간략략
聊 애오라지요	尋 찾을심	猿 잣나비원	侶 짝려	總 다총	由 말미암을유	己 몸기	矣 어조사의
嘯 휘파람소	吟 읊을음	亭 정자정	榭 기둥사	訥 말더듬거릴눌	豈 어찌기	病 병들병	乎 어조사호
徜 서성거릴상	徉 서성거릴양	笻 지팡이공	屐 나무신극	辯 말씀변	猶 오히려유	敗 패할패	焉 어조사언
跡 자취적	寓 부칠우	林 수풀림	壑 구렁학	辭 말씀사	要 긴요할요	簡 간략할간	緊 긴할긴
憂 근심우	切 간절절	廟 사당묘	堂 집당	說 말씀설	避 피할피	蔓 덩굴만	冗 잡될용

몽학이천자(蒙學二千字) 223

卦	卜	龜	鑽	嗟	咨	歎	詠
점 괘 괘	점 칠 복	거북 귀	송곳 찬	슬플 차	탄식할 자	탄식할 탄	읊을 영
爻	占	蓍	抽	鎖	關	抑	壓
효 상 효	점 칠 점	시 초 시	뺄 추	자물쇠 쇄	집 관	꺾을 억	누를 압
福	祈	偶	拜	掌	抵	頰	緩
복 복	빌 기	허수아비 우	절 배	손바닥 장	막을 저	뺨 협	느러질 완
殃	被	儺	驅	膽	擢	肝	鉤
재앙 앙	액맥이불	허수아비 나	몰 구	쓸개 담	뺄 탁	간 간	갈구리 구
良	惑	巫	妖	稽	滑	諷	譏
어질 량	혹할 혹	무당 무	요망할 요	상고할 계	미끄러울 활	외울 풍	나무랄 기
神	瀆	祀	淫	詳	綜	喩	譬
귀신 신	도랑 독	제사 사	음난할 음	자세할 상	모을 종	비유할 유	비유할 비
協	諧	律	音	曠	疎	談	晉
화할 협	화할 해	법 률	소리 음	빌 광	섞을 소	말씀 담	진나라 진
享	歆	祇	郊	寃	哀	騷	楚
누릴 향	먹일 흠	벼익을 지	들 교	원통할 원	슬플 애	글 소	초나라 초
咽	鳴	竹	嶰	話	雅	麈	揮
목구멍 연	슬플 오	대 죽	골짜기 해	말씀 화	아담할 아	파리채 주	휘두를 휘
琅	鏗	桐	嶧	論	莊	虱	捫
옥소리 랑	금옥소리 갱	오동 동	이름 역	의논 논	씩씩할 장	이 슬	어루만질 문

琵	琶	笙	竽	援	引	證	據
비파비	비파파	저 생	피리우	구원할원	인도할인	증거증	웅거할거
箏	笛	簫	笳	反	覆	審	決
쟁 쟁	저 적	퉁소소	피리가	돌이킬반	돌이킬복	알 심	결단할결
堯	庭	苗	格	京	都	宏	麗
요임금요	뜰 정	싹 묘	이룰격	서울경	도읍도	클 굉	고울려
衛	苑	肉	忘	宮	闕	軒	暢
위나라위	동산원	고기육	잊을망	집 궁	대궐궐	마루헌	통할창
申	告	認	許	雕	甍	浮	碧
거듭신	고할고	알 인	허락허	아로새길조	기와맹	뜰 부	푸를벽
檢	査	訊	鞫	彩	檻	流	丹
교정할검	물을사	물을신	문초할국	채색채	난간함	호를유	붉을단
提	控	訴	訟	竈	奧	焚	椒
끌 제	당길공	호소소	송사할송	부엌조	아랫목오	불사를분	후추초
辨	別	柱	直	簷	桷	舍	蓮
분별변	이별별	굴뚝왕	곧을직	처마첨	서까래각	머금을함	연꽃연
互	各	詰	咎	暗	室	響	蠖
서로호	각각각	힐난할힐	허물구	어두울암	집 실	소리향	자벌레화
恐	或	錯	誤	明	窓	絶	埃
두려울공	혹 혹	섞일착	그르일오	밝을명	창 창	끊을절	티끌애

몽학이천자(蒙學二千字) 225

週	墻	粉	壁	臣	僚	吏	員
두루주	담장	가루분	벽벽	신하신	동관료	아전리	관원원
廻	廊	層	墀	將	帥	偏	裨
피할회	행랑랑	층층	섬뜰지	장수장	주장할수	치우칠편	도울비
兵	革	匪	勇	軍	警	保	護
군사병	가죽혁	아니비	날랠용	군사군	경계할경	보존할보	호위할호
城	池	況	恃	黎	庶	安	寧
재성	못지	하물며황	믿을시	검을여	무리서	편안안	편안영
苔	沒	劒	戟	英	豪	傑	雄
이끼태	빠질몰	칼검	창극	꽃부리영	호걸호	호걸걸	수컷웅
麥	秀	戍	驛	縉	紳	章	甫
보리맥	빼어날수	막을수	역말역	분홍빛진	큰띠신	문체장	클보
齊	整	奚	倫	奴	婢	僮	僕
가지런할제	정돈할정	몇몇이	인륜륜	남종노	여종비	아해종동	종복
振	肅	紀	綱	傯	御	隸	儓
떨칠진	엄숙숙	벼리기	벼리강	추종경	모실어	종예	하인대
皇	帝	君	主	闈	閽	僧	尼
임금황	임금제	임금군	임금주	내시엄	문지기혼	중승	여승이
王	侯	卿	相	娼	妓	俚	優
임금왕	제후후	벼슬경	서로상	창녀창	기생기	상말이	넉넉우

盲	啞	聾	壁	涓	滴	懷	襄
소경맹	벙어리아	귀먹을농	절음벽	호슬연	떨어질적	품을회	명예양
竊	盜	寇	刼	螢	爍	燄	騰
도적절	도적도	도적구	겁집	반디불형	반짝일작	불꽃염	오를등
羇	旅	颷	泊	怪	孶	已	拱
나그네기	나그네려	나부낄표	쉴박	괴이할괴	겉순얼	이미이	아름공
丐	乞	困	窶	悔	萌	何	追
빌개	빌걸	곤할곤	가난구	뉘우칠회	싹맹	어찌하	쫓을추
府	部	院	廳	故	察	眞	假
마을부	떼부	집원	대청청	연고고	살필찰	참진	거짓가
道	郡	面	洞	再	思	順	逆
길도	고을군	얼굴면	고을동	두재	생각사	순할순	거스릴역
宣	佈	政	令	經	歷	夷	險
베풀선	펼포	정사정	하여금령	지날경	지날력	평할이	험할험
須	示	法	度	揣	摩	勝	負
혈반	보일시	법법	법도도	헤아릴취	문지를마	이길승	질부
勸	善	懲	惡	彎	弓	搭	箭
권할권	착할선	징계할징	악할악	휘당길만	활궁	붙을답	화살전
社	微	防	邪	懸	鵠	射	的
먹울두	석을미	막을방	간사사	달릴현	곡새곡	쏠사	과녁적

몽학이천자(蒙學二千字) 227

除	莠	扳	根	敬	服	蠻	昧
제할제	추할유	뺄발	뿌리근	공경경	옷복	오랑캐만	어두울매
潔	泉	疏	源	誠	孚	頑	冥
깨끗할결	샘천	멀리할소	근원원	지성성	믿을부	완고할완	어두울명
黜	斥	奸	佞	刑	措	鞭	撻
내칠출	물리칠척	간사간	아첨할녕	형벌형	둘조	회초리편	종아리칠달
登	庸	聰	俊	牢	閑	囹	圄
오를등	떳떳할용	들을총	클준	굳을뢰	거느할한	옥령	옥어
賞	罰	折	衷	惠	洽	率	土
상줄상	형벌벌	꺾을절	속충	은혜혜	젖을흡	거느릴솔	흙토
恩	威	幷	用	化	曁	荒	陬
은혜은	위엄위	아우를병	쓸용	화할화	미칠기	거칠황	모여살추
雨	浥	露	滋	詔	勅	諭	誥
비우	젖을읍	이슬로	불어날자	조서조	칙령칙	비유할유	가르칠고
雷	震	風	鼓	表	箋	奏	啓
우뢰뢰	우뢰진	바람풍	북고	겉표	기록전	아뢸주	열계
仁	恕	義	斷	印	符	驗	契
어질인	용서서	옳을의	끊을단	인인	병부부	증명할험	계계
廣	濟	博	施	賬	簿	備	考
넓을광	건널제	넓을박	베풀시	문서장	문서부	갖출비	상고할고

觀 불 관	蛙 개구리와	窺 엿볼규	管 대쪽관	貸 구할대	貫 꿸관세	債 빚채	典 법전
測 측량할측	蚤 조개려	量 헤아릴양	勺 잔작	价 착할개	媒 중매매	易 바꿀역	貿 무역할무
球 구슬구	全 온전전	割 벨할	宰 주관할재	釋 풀석	註 주석주	輯 수집할집	編 엮을편
域 지경역	疆 지경강	橫 비낄횡	縱 세로종	解 풀해	諺 상말언	譯 번역역	翻 번득일번
嚼 씹을작	爬 긁을파	牙 어금니아	爪 손톱조	歐 질구	亞 버금아	睨 흘겨볼예	睥 흘겨볼비
禦 막을어	捍 호위할한	肱 팔굉	股 다리고	圖 그림도	版 조각판	閱 지낼열	披 헤칠피
紆 얽힐우	轉 굴릴전	藤 덩굴등	葛 칡갈	廓 클곽	恢 클회	宙 집주	宇 집우
持 갖을지	靳 아낄근	鷸 새휼	蚌 조개방	莽 멀망	浩 넓을호	溟 바다명	滄 바다창
括 헤아릴괄	囊 주머니낭	捲 거둘권	扇 부채선	滙 물구비회	縈 얽힐영	洋 바다양	洲 물가주
陶 질그릇도	浪 물결랑	滅 멸할멸	泡 물거품포	泛 뜸범	萍 마름평	嶼 도섬서	島 섬도

몽학이천자(蒙學二千字) 229

演	張	戱	劇	儒	專	秩	序
길게흐를연	베풀 장	희롱희	심할극	선비유	오로지전	차례질	차례서
機	弄	偎	儡	耶	救	靈	魂
베틀기	희롱롱	사랑할외	꼭두각시뢰	어조사야	구원할구	신령령	혼 혼
徒	然	盟	約	佛	悟	空	寂
무리도	그럴연	맹세맹	언약약	부처불	깨달음오	빌공	고요적
卒	乃	背	馳	仙	尚	玄	虛
마침졸	어조사내	등 배	달릴치	신선선	숭상할상	검을현	헛될허
動	輒	矛	盾	夭	執	厥	中
움직일동	문득첩	모진창모	방패순	사람하늘천	잡을집	그 궐	가운데중
甚	操	干	戈	打	破	界	境
심할심	잡을조	방패간	창 과	칠 타	깨질파	지경계	지경경
漂	沈	滾	汨	步	趣	雖	異
뜰 표	잠길심	흐를곤	빠질골	걸음보	뜻 취	비록수	다를이
悶	憐	慈	悲	歸	宿	亦	同
민망할민	불쌍할련	사랑자	슬플비	돌아갈귀	잘 숙	또 역	같을동
剗	峰	塡	谷	迷	津	覺	筏
깎을잔	봉오리봉	편안할전	골 곡	희미할미	나루진	깨달을각	떼 벌
培	栽	扶	傾	昏	衢	光	燭
북돋을배	심을재	도울부	기울경	날저물혼	네거리구	빛 광	촛불촉

壹	參	貳	拾	謄	寫	剞	劂
한 일	석 삼	버금 이	주을 습	베낄 등	베낄 사	새김칼 기	오비칼 궐
萬	億	兆	垓	記	載	炳	朗
일만 만	억 억	억조 조	지경 해	기록 기	실을 재	밝을 병	밝을 랑

유전질서(儒專秩序) : 선비의 길은 질서를 오롯이 하고
야구영혼(耶救靈魂) : 야소(기독교)는 영원을 구원한다.
불오공적(佛悟空寂) : 부처는 허무하고 적막한 것을 깨닫고
선상현허(仙尚玄虛) : 신선의 도는 현묘하고 공허한 것을 숭상하고
천집궐중(爻執厥中) : 천도교는 그 중용을 잡아
타파계경(打破界境) : 종교의 모든 경계를 타파했다.
보취수이(步趣雖異) : 이것은 걸어가는 길이 비록 다르나
귀숙역동(歸宿亦同) : 돌아가 머무르는 곳은 또한 동일하다.
미진각벌(迷津覺筏) : 이 모든것이 희미한 나루터에 뗏목을 깨달음이오.
혼구광촉(昏衢光燭) : 어두운 네거리에 비치는 불빛이로다.

한문입문(漢文入門) 231

部首名稱

一畫		阝	우부방	癶	필 발	貝	조개패
乙	새을변	阝	좌부방	皮	가죽피	走	달릴주
二畫		**四畫**		皿	그릇명	足	발 족
亠	돼지해머리	心	마음심	目	눈 목	身	몸 신
人亻	사람인변	戶	지게호	四	넉 사	辶	책받침
儿	어진사람인변	支	지탱할지	矛	창모변	邑阝	읍 방
八	여덟팔	攵	등글월문	矢	화살시변	酉	닭 유
冂	멀경변	文	글월문	石	돌 석	采	분별채
冖	민갓머리	斗	말 두	禾	벼화변	里	마을리
冫	이수변	斤	낫 근	穴	구멍혈머리	**八畫**	
力	힘력변	方	모방변	立	설 립	金	쇠 금
刀刂	칼도변	日	날일변	歹	죽을사변	門	문 문
勹	쌀포변	曰	가로왈변	礻	뵈일시변	阜阝	부 방
匚	터진입구변	月	달월변	田	밭 전	隹	새 초
厂	음호변	木	나무목변	**六畫**		雨	비우머리
三畫		欠	하품흠변	衣衤	옷의변	**九畫**	
口	입 구	止	그칠지	竹	대죽머리	革	가죽혁
囗	왼 담	歹	죽을시변	米	쌀 미	韋	가죽위
土	흙토변	殳	가진등글월문	糸	실 사	頁	머리혈
夊	천천히걸을쇠변	气	기운기	缶	장구부	食	밥 식
女	계집여	水氵	물 수	网	그물망	**十畫**	
子	아들자	火	불 화	羊	염소양	馬	말 마
宀	갓머리	灬	불화점	耒	장기뢰변	骨	뼈 골
尸	주검시머리	爪爫	손톱조	耳	귀 이	髟	터럭발
山	뫼 산	爿	장수장변	聿	오직률	鬥	싸움투
巾	수건건	片	조각편	舌	혀 설	鬲	노지병격
广	음호머리	牙	어금니아변	舟	배 주	鬼	귀신귀
廴	점없는책받침	牛	소우변	艸艹	풀초머리	**十一畫**	
艹	풀초머리	王	임금왕변	虍	범호머리	魚	고기어
弓	활궁변	礻	뵈일시변	虫	벌레충	鳥	새 조
彐	터진가로왈	网	그물망	行	다닐행	麥	보리맥
彡	삐친석삼	耂	늙을로	**七畫**		麻	삼 마
彳	중인변	艹	풀초머리	角	뿔 각	**十四畫**	
忄	마음심변	辶	책받침	言	말씀언	鼻	코 비
氵	삼수변	**五畫**		豆	콩 두	**十五畫**	
犭	개사슴록변	广	병 질	豕	돼지시	齒	이 치

■ 동양학 편집고문
　柳坪秀, 柳斗永, 崔榮典, 朴良淑, 盧在昱, 崔亨柱
■ 동양학 편집위원
　具仕會, 金相培, 金鍾元, 朴文鉉, 宋基燮,
　李德一, 李相鎭, 李世烈, 任軒永, 全壹煥,
　鄭通奎, 曺康煥, 趙應泰, 黃松文 (가나다 順)

판본소	권사유

동양학 시리즈 ㉒ 한문입문(漢文入門)

단기 4329 (서기 1996)년 6월 15일 초판 1쇄 발행
단기 4330 (서기 1997)년 2월 15일 초판 3쇄 발행

엮은이 - 崔　亨　柱
펴낸이 - 李　俊　寧

펴낸곳 - 자 유 문 고
121-080
서울 마포구 대흥동 12-2(3층)
전화 · 718-8982 · 713-9751(FAX)
등록 · 제2-93호(1979. 12. 31)

정가　5,000원

* 잘못 만들어진 책은 구입하신 서점에서 바꿔드립니다.

ISBN 89-7030-022-8 03100